AF193503

El Evangelio
de la gratuidad

FRANCESCO DE PALMA

El Evangelio
de la gratuidad

Floribert Bwana Chui,
un joven mártir africano para el siglo XXI

SANT'EGIDIO

SAN PABLO

© SAN PABLO 2025
   Protasio Gómez, 11-15. 28027 Madrid
   Tel. 917 425 113
   secretaria.edit@sanpablo.es - www.sanpablo.es
© De la traducción: David Salas Mezquita
© Comunidad de Sant'Egidio, 2025

Distribución: SAN PABLO. División Comercial
Resina, 1. 28021 Madrid
Tel. 917 987 375
ventas@sanpablo.es
ISBN: 978-84-285-7424-2
Depósito legal: M. 18.036-2025
Impreso en Artes Gráficas Gar.Vi. 28970 Humanes (Madrid)
Printed in Spain. Impreso en España

«El que procede con justicia y habla con
rectitud, y rehúsa el lucro de la opresión,
el que sacude la mano rechazando
el soborno y tapa su oído
a propuestas sanguinarias,
el que cierra los ojos para no ver la maldad:
ese habitará en lo alto, tendrá su alcázar
en un picacho rocoso, con abasto de pan
y provisión de agua».

(Is 33,15-16)

1
Una historia de sangre

La vida de Floribert Bwana Chui bin Kositi, que fue asesinado en 2007 por no aceptar un soborno, tuvo como escenario principal la ciudad de Goma, en el extremo oriental de la República Democrática del Congo, una zona fronteriza con Ruanda. El simple hecho de oír estos nombres, estos lugares, permite comprender uno de los puntos principales de la historia que nos disponemos a narrar: ¿cómo se puede llevar una vida pacífica, honesta, limpia, en uno de los contextos más violentos y corruptos del mundo? No vamos ahora a repasar la compleja historia de esta parte de África, pero sí habrá que tenerla en cuenta para encuadrar mejor el itinerario de Floribert y el significado de su resistencia al mal en el contexto del drama que son las guerras del Congo y los conflictos «menores» que ha generado, con sus repercusiones en términos de violencia difusa y de empobrecimiento general.

Ese es el escenario que cualquier congoleño tiene bien presente, sobre todo si vive en una gran ciudad. En Kinshasa, la capital de la República Democrática del Congo, que actualmente tiene más de quince millones de habitantes, hay hasta siete reglas para sobrevivir en el caos urbano, unas reglas que sigue el *kinois*[1] avisado, pero que desconoce el *yuma*, el hombre honesto, pero estúpido. Entre estos «mandamientos» destaca uno que en lingala, la lengua que se habla en la ciudad, suena así: «*Mwana muninga mawa te*», es decir, «Chico, no tengas compasión de nadie».

Es un mensaje brutal que, por desgracia, se repite en muchos contextos congoleños. Aun así, hay quien ha decidido y decide no amoldarse a la normalidad y a la inhumanidad de un estilo de vida que es fruto de la competición por sobrevivir, un estilo de vida que propugna desentenderse de los demás, vivir de acomodos y oportunismos, de artimañas y prevaricaciones, que acepta ser hoy explotador y mañana víctima, o al revés.

---

[1] Habitante de la ciudad de Kinshasa.

Sí, la República Democrática del Congo es un lugar de grandes contradicciones. En medio de mil y un problemas florece una sociedad civil multiforme, dinámica, rica en esperanzas y sueños. Hablando con la gente se percibe una seriedad y un trato profundo que llegan al corazón. En el horizonte mental y práctico de los congoleños hay algo grande y fuerte, un *quid* formado por dedicación y solemnidad que emerge en la historia de muchas personas –y que es el telón de fondo, como veremos, del itinerario humano y cristiano de Floribert Bwana Chui–, pero que también determina el devenir de toda una comunidad nacional, de hombres y mujeres que, a pesar de todo, tienen esperanzas, se sacrifican, trabajan y construyen[2].

Otra de las reglas para sobrevivir en Kinshasa es: *«Okanisi te yo nde okobongisa Congo»*, es decir, «No creas que vas a ser tú quien arregle el Congo». Es la norma perfecta para bendecir una actitud resignada e individualista. Pero resulta que en medio de todos los que no pensaron más que en salvarse ellos mismos y en enmendar su suerte,

---

[2] Cf Colette Braeckman, que habla «de los héroes cotidianos, que son legión» *(Vers la deuxième indépendance du Congo, Le Cri, Bruselas 2008, 8).*

hubo quien, a pesar de lo difícil del contexto, apostó por rescatar y salvar a todos, hubo quien pensó que podía cambiar el país de verdad remediando los entuertos y haciendo más agradable y transitable el camino de vida de sus habitantes. Tal vez el Congo no se ha transformado o, en cualquier caso, todavía no, no por completo, pero al menos la vida de algunas personas, de muchas, ha cambiado, y esta vez para mejor.

2
Una región sin paz

Floribert Bwana Chui nace en Goma el 13 de junio de 1981. Su adolescencia y su juventud transcurren en un país que experimenta grandes transformaciones, pero también una inestabilidad cada vez mayor, una situación de conflicto generalizado que aún se extiende por toda la región y que impregna la sociedad. Es una guerra de milicias. Los distintos movimientos armados son grupos heterogéneos formados por víctimas que han probado el placer de la venganza, por jóvenes que viven la agresividad como respuesta al miedo o a la frustración de vivir excluidos o por niños soldado que no han recibido ninguna educación y cuyo único modelo humano ha sido un joven mayor que ellos con un *kalashnikov* en las manos[1].

---

[1] Cf L. JOURDAN, *Generazione kalashnikov. Un antropologo dentro la guerra in Congo*, Laterza, Bari 2010.

Y entonces los civiles son extorsionados y asesinados, las mujeres son violadas y esclavizadas y los niños son secuestrados y enrolados a la fuerza. La Iglesia católica, las agencias y las organizaciones independientes y los miembros de la sociedad civil han denunciado las continuas violaciones de los derechos humanos en la región de los Grandes Lagos. Se puede afirmar que dichas violaciones han constituido la verdadera trama del conflicto congoleño, la guerra librada que era una especie de paréntesis entre un episodio de violencia contra los civiles y otro.

La vida humana valía (y aún vale) muy poco. Durante el conflicto, lo realmente importante para cada una de las milicias era gestionar el territorio que ocupaban, acaparar recursos minerales y controlar las vías comerciales.

Conquistar o conservar el poder dependían de la explotación de las materias primas: diamantes, oro, cobre, estaño, cobalto, zinc y el famoso coltán, el compuesto de columbita y tantalita tan necesario para los teléfonos móviles y que tanto abunda en Kivu. Un pillaje a escala subcontinental acompañaba y desbordaba las pequeñas razias de cada día.

El Congo era *«nyama ya tembo»*[2] (en suajili, «carne de elefante», ¡que hay para todos!), «un espacio económico *self-service*»[3] del que se beneficiaban tanto los distintos bandos enfrentados como los Estados –más estructurados– que les apoyaban, o las personas que se ponían al servicio de intereses mayores y que, siguiendo las reglas de la *débrouillardise*, sacaban tajada.

Y junto a la violencia contra los civiles y el saqueo institucionalizado, hay que tener en cuenta una tercera realidad: la instrumentalización de la cuestión étnica. Las etnias son lábiles, difíciles de definir, de acotar, sobre todo en una región fronteriza como Kivu Norte, caracterizada por una mezcla de grupos y por una tradición secular de convivencia. ¿Quién era, por ejemplo, desde este punto de vista, Floribert Bwana Chui? Era hijo de una pareja mixta: su padre y su madre pertenecían a «etnias» distintas, por lo que cabría considerarlo mestizo, aunque él siempre se identificó simplemente como

---

[2] L. Joris, *L'heure des rebelles*, Actes Sud, Arles 2007, 230.
[3] Cf «Rapport de l'Assemblée Nationale Congolaise. Commission spéciale chargée de l'examen de la validité des conventions à caractère économique et financier conclues pendant les guerres de 1996-1997 et 1998», llamado «Rapport Lutundula», 2006, disponible en internet.

congoleño. Como todo el mundo en la zona oriental, hablaba suajili, lengua híbrida por excelencia, que, más allá de las diferencias que pueda presentar, da muestra de una base cultural común.

Con todo, el mosaico de Kivu conoce una efervescente reivindicación identitaria de base étnica con tintes de fuerte exasperación. Para los dirigentes político-militares que lidian con la crisis, la instrumentalización étnica es una inversión interesante, y rentable, que lleva a ver en el «otro» a un enemigo.

El tema que provoca más discordias es el de ser congoleño. La pregunta que se hacen todos es: ¿los demás son realmente congoleños como yo? Es una pregunta que a veces se queda en el aire y otras veces se convierte en disputa, desprecio y odio, y que rompe siglos de convivencia y lazos familiares. En las provincias de Kivu Norte y Kivu Sur, donde siempre habían vivido decenas de grupos étnicos distintos, se cuestiona la antigua presencia de etnias de lengua y cultura ruandesa y burundesa cuando en 1994 llegan cientos de miles de refugiados de la vecina Ruanda, escenario de uno de los genocidios más sangrientos del siglo XX. A partir de aquel momento, saltan por los aires todos los equilibrios y se llega a la que será denominada «primera guerra mundial africana», que verá el fin del régimen de Mobutu y la llegada de un «nuevo rumbo» con el poder de Kabila padre.

El clima de guerra significa más conflictos étnicos, más enfrentamientos, más odio y más represalias; rupturas interminables, sin que surja un equilibrio mejor. En Kivu no se reconstruyó el marco de convivencia civil, algo que afectó a todos, «vencedores» y «vencidos». Todos pagaron y siguen pagando un altísimo coste por el enfrentamiento étnico-identitario.

La Iglesia de Goma tiene muy presentes los peligros que comporta el etnicismo y trabaja con convicción y tenacidad para apaciguar las rivalidades identitarias y hacer que sea posible el «milagro social»[4]. El obispo de aquellos años, Faustin Ngabu, siempre luchó contra las contraposiciones y los odios y propugnó superar el pasado y promover la reconciliación. Lo tildaron de hostil y sufrió varios

---

[4] Cf J. Bossy, *L'Occidente cristiano, 1400-1700*, Einaudi, Turín 1990, que utiliza esta expresión para indicar el difícil pero eficaz trabajo de gestión y resolución de conflictos intercomunitarios que llevó a cabo la Iglesia en la situación fragmentada y violenta de la baja Edad Media europea.

atentados[5]. Pero también fue un referente para muchas asociaciones que trabajaban en pro de la convivencia y de la paz. Monseñor Ngabu creía que para recoser el tejido social había que empezar con la conversión personal y comunitaria, superando las dificultades para ir hacia el «otro»[6]. Era una propuesta de carácter claramente pastoral, pero en una provincia que tenía la tentación de sentirse particular y de cerrarse, también era una reivindicación civil de gran fuerza que abría un futuro mejor para vivirlo juntos.

Floribert Bwana Chui vivió las tensiones y las esperanzas que recorrían los Grandes

[5] Cf A. Riccardi, *Il secolo del martirio. I cristiani nel Novecento*, Mondadori, Milán 2009, 445.

[6] Véase la entrevista publicada en *Regards Croisés*, nº 3, mayo de 2000: «Durante el conflicto la gente fue plenamente consciente de que era totalmente necesaria una convivencia pacífica entre comunidades y entre personas. [...] Pero una idea de ese tipo estaba destinada a desaparecer rápidamente si la Iglesia no trabajaba para que arraigara más firmemente, si no trabajaba para construir el hombre interior. [...] Todo ello hizo que los creyentes fueran más claramente conscientes de que muchas veces aquello de lo que acusamos al otro está también en nosotros. [...] Entonces muchos comprendieron que el problema no es la etnia. El problema es: "¿Qué hago yo? ¿Por qué no doy el primer paso?". El verdadero obstáculo está en mí mismo, y me doy cuenta de que tengo que empezar por mí mismo, que tengo que convertirme. [...] Es la línea pastoral que siempre hemos seguido en la diócesis de Goma, una línea pastoral que busca la unidad, y nuestra palabra fuerte ha sido la frase evangélica: "Que sean uno". Tras la guerra de 1993, la gente empezó a decir: "Al final, el obispo tenía razón. Si hubiéramos hecho caso a lo que decía, habríamos podido evitar todo esto"».

Lagos en aquel periodo, compartió las preocupaciones y los sueños de su generación, entre aspiraciones de paz, justicia social y renovación. Floribert, que estaba atento al mundo que lo rodeaba, iba formando en su interior un sentimiento de responsabilidad hacia la vida de los demás, cultivaba una mirada más amplia e inclusiva, empática con los que vivían marginados, los pobres y los descartados. Por eso se sumó con entusiasmo a una propuesta humana y espiritual que apareció por entonces en aquel rincón de África: la propuesta de la Comunidad de Sant'Egidio. Aquella propuesta dejó una huella profunda en el joven, que supo decir «no» a la corrupción y a la dictadura «del materialismo», «del beneficio fácil» y «de una economía sin rostro».

3
De Roma a África

La Comunidad de Sant'Egidio –que debe su nombre a un antiguo monasterio del barrio de Trastévere de Roma, donde tiene su sede– nació en febrero de 1968, después del Concilio Vaticano II, por iniciativa de Andrea Riccardi. Por aquel entonces se trataba de un pequeño grupo de estudiantes de secundaria que se proponían leer el Evangelio y ponerlo en práctica yendo a las periferias humanas y urbanas –eso decían ya entonces– y viviendo una aventura de solidaridad y de amistad con los más pobres. Primero la Comunidad se dedicó a los menores no escolarizados o institucionalizados, y posteriormente se abrió a los ancianos enfermos o abandonados, a las personas sin hogar, a los inmigrantes, a los gitanos o a los presos, entre otros, en un progresivo movimiento de acompañamiento al mundo de la pobreza. Y todo ello, con el paso del tiempo, no solo en Roma, sino también en otros lugares, en la medida en que la experiencia y el espíritu de Sant'Egidio se comunicaban y daban fruto en otras situaciones y en otros lugares.

La Comunidad nació como sujeto romano, pero pronto se difundió por otras ciudades italianas, por distintos contextos europeos y por varios continentes, hasta llegar a unos setenta países. Actualmente está formada por decenas de miles de laicos de todo el mundo. Las realidades que integran esta «asociación pública de fieles» se inspiran en el mismo carisma y en los mismos pilares: la oración, la comunicación del Evangelio, la ayuda a los pobres, el ecumenismo y el diálogo.

La oración es el corazón de la vida de la Comunidad. Allí donde está presente Sant'Egidio, sus miembros se reúnen para escuchar la Palabra y para invocar la paz, la curación y la salvación; dedican un tiempo y un espacio para comprender mejor su camino personal y colectivo y para aumentar los espacios de compasión por los pobres.

Hablemos de los pobres. Cuando empezó a conocer su mundo, en una Roma muy distinta de la actual, en los barrios de chabolas que salpicaban la capital italiana entre los años sesenta y setenta del siglo pasado, en un contexto caracterizado por una fractura entre la ciudad del bienestar y la ciudad de la marginación, la incipiente entidad asociativa había intentado rehacer lazos, tender puentes. Del mismo modo, y con la misma disponibilidad asidua y gratuita, aquella dedicación se fue repitiendo y renovando en cientos de ciudades y pueblos de todo el mundo. Se comenzaba a través de las Escuelas de la Paz para niños de barrios pobres o violentos[1], de visitas a ancianos solos y enfermos en su casa o en el hospital, de recorridos por la tarde o por la noche para repartir bocadillos o mantas para las personas que viven en la calle, o de estar al lado de infinidad de situaciones de precariedad y de abandono, en la cárcel, en residencias o en entornos familiares problemáticos. Y también a través de aquel

---

[1] Las Escuelas de la Paz son una de las principales expresiones del servicio que Sant'Egidio hace a favor de los menores con problemas. Son centros totalmente gratuitos que ayudan a los niños o a los adolescentes con la inserción escolar y a progresar en sus estudios; pero también ayudan a la familia, o al centro de acogida, en el caso de huérfanos, con sus obligaciones educativas, y proponen un itinerario de crecimiento abierto a los demás, solidario con los más desafortunados y capaz de superar todo tipo de barrera y discriminación. Son escuelas, o centros de repaso escolar, pero también escuelas de paz, de convivencia, de respeto a los demás. Cada año en todo el mundo más de 30.000 niños y adolescentes asisten regularmente a las Escuelas de la Paz de la Comunidad.

«icono» típico de Sant'Egidio, que tan bien resume el espíritu de todos sus servicios: la comida de Navidad, donde los últimos se reúnen en una gran fiesta.

La Comunidad vive con los pobres una alianza que ayuda a superar la distancia entre quien tiene y quien no tiene, o entre quien está sano y quien está enfermo, o entre el norte y el sur. Desde los años ochenta del siglo pasado, la gran periferia del otro lado del mundo entra indisolublemente en la vida de Sant'Egidio, gracias a la búsqueda de la paz en muchas situaciones de conflicto, a distintos programas de intervención humanitaria y de cooperación para el desarrollo y a la presencia sobre el terreno de comunidades africanas, latinoamericanas y asiáticas.

A ese respecto, la relación con Mozambique tiene una importancia particular. En el marco del lazo que tiene con aquel país, la Comunidad afronta el problema de la guerra que la Resistência Nacional Moçambicana libra contra el gobierno del Frente de Libertação de Moçambique y se ofrece como mediadora para unas negociaciones de paz. Las conversaciones se abren precisamente en la sede de la Comunidad, en Roma, y se prolongan durante dos años. Tienen un resultado positivo y ponen fin a una guerra que había provocado un millón de muertos. Precisamente en Roma, el 4 de octubre de 1992, se firma el Acuerdo General de Paz.

El éxito de 1992 tiene una relevancia no menor en la historia de Sant'Egidio. Haber superado problemas que hasta entonces eran insalvables daba la medida de lo mucho que se podía hacer. La paz de Mozambique era el signo de que África podía «resucitar» de la tumba de la guerra y de la pobreza. Aquello ayudó a rechazar y a superar la resignación; dio confianza y esperanza a los africanos y les confirmó en su deseo de paz y de bien, en sus recursos y su potencial[2].

Entre los años ochenta y noventa una asociación que nació en Roma se extiende por África con el surgimiento de nuevas comunidades en un número de países cada vez mayor. Hemos hablado del comienzo en Mozambique. Desde allí la Comunidad se difundió al contiguo Malaui. Al mismo tiempo

---

[2] Después de 1992 pedirán la intervención de la Comunidad de Sant'Egidio en muchos otros escenarios de guerra y de conflicto para ofrecer un espacio de mediación y de diálogo: desde Argelia hasta Burundi, desde Casamanza hasta la República Centroafricana, desde Guatemala hasta Kosovo. Cf R. MOROZZO DELLA ROCCA, *Fare Pace, la diplomazia di Sant'Egidio*, San Paolo, Milán 2018 (trad. esp., *Hacer la paz*, Proteus Editorial, Barcelona 2014).

se sembraron «semillas» de Sant'Egidio en el África occidental francófona (República de Guinea, Costa de Marfil, etc). Y a caballo entre un milenio y el otro, en Ruanda y en la República Democrática del Congo[3]. Los congresos panafricanos que se celebran en Zomba (Malaui) en 1999 y en 2000, en Yamoussoukro (Costa de Marfil) también en 2000 y en Nairobi en 2001 son la expresión de una nueva imagen de Sant'Egidio.

Utilizando una expresión de Martin Buber, se puede decir que actualmente la asociación es una «comunidad de pueblos». Cuando el papa Francisco visitó la basílica de Santa María de Trastévere que, junto con la pequeña iglesia de Sant'Egidio, forma el corazón y el centro de la Comunidad, habló de las tres pes:

Sigan por este camino: oración *(preghiera)*, pobres y paz. Y caminando así ayudan a que

---

[3] En 1997, en la Jornada Mundial de la Juventud, invitaron a Andrea Riccardi a hablar en el foro de los jóvenes, asamblea de unos cientos de representantes de realidades eclesiales de todo el mundo. Cuando terminó su intervención, un pequeño grupo de universitarios de Butare (Ruanda) se presentó en el estand de la Comunidad porque querían saber más, y decidieron llevar el sueño de Sant'Egidio a la devastada realidad ruandesa. En septiembre de 1997 nace la primera Comunidad de la región de los Grandes Lagos.

crezca la compasión en el corazón de la sociedad –que es la verdadera revolución, la de la compasión y la ternura–, a que crezca la amistad en lugar de los fantasmas de la enemistad y de la indiferencia[4].

También en África las personas de la Comunidad, aunque en muchos casos no tienen una vida fácil, se esfuerzan por fijarse en los que sufren más que ellos por el peso de los problemas de la vida. En Sant'Egidio hay un dicho que resume bien el espíritu con el que se vive algo que es, a todas luces, una liberación de la cárcel del victimismo y de la resignación: «Nadie es tan pobre como para no poder ayudar a un pobre».

Es una manera de refutar radicalmente la mentalidad corriente y también determinadas propuestas religiosas o pararreligiosas inspiradas en el denominado «Evangelio de la prosperidad», como lo define acertadamente Philip Jenkins[5]. Pero Sant'Egidio ha comprendido la fuerza de transformación que, también

---

[4] *Discurso*, 15 de junio de 2014.
[5] *I nuovi volti del cristianesimo*, Vita e Pensiero, Milán 2008. Cf en particular las pp. 107-146. Sobre el «Evangelio de la prosperidad» en la República Democrática del Congo, véase, por ejemplo, D. Van Reybrouck, *Congo*, Feltrinelli, Milán 2014, en el cap. 13, «La birra e la preghiera», 497-534 (trad. esp., *Congo*, Taurus, Madrid 2019).

en África, mana del Evangelio vivido, de un horizonte de dedicación que significa dignidad y rescate para uno mismo y para los demás.

El Evangelio lo pone todo en movimiento y lleva al servicio a los demás, sobre todo a los más pobres. Es el Evangelio de quien se convierte en siervo, como enseña Jesús. En un escenario que a veces es inhumano y violento, todo aquello hace que crezca la misericordia. Con su dedicación, las Comunidades africanas sanan, o al menos alivian, algunas de las heridas del continente; construyen una realidad que desafía la dureza de la vida; se convierten en heraldos de un futuro más abierto y más humano.

El trabajo de Sant'Egidio expresa la convicción de que todo puede cambiar, quiere forzar el advenimiento de un tiempo mejor. Juan Pablo II, ya anciano, dijo palabras de esperanza que la Comunidad guarda en su corazón: «Todo puede cambiar. Depende de cada uno de nosotros. Todos pueden desarrollar en sí mismos su potencial de fe, de rectitud, de respeto al prójimo, de dedicación al servicio de los otros»[6].

Con la creación de una densa red de relaciones humanas que se extiende desde los pueblos hasta los barrios de las periferias de las grandes

---

[6] *Discurso*, 13 de enero de 2003.

ciudades, las Comunidades de Sant'Egidio de África son una alternativa real a un sistema de desigualdades crecientes y de desarraigo que sumerge a las nuevas generaciones.

Pero la lucha contra la pobreza no es la única preocupación de la Comunidad. No hay que infravalorar otro desafío. En estas décadas se ha puesto de manifiesto el daño que provoca el neoliberalismo desenfrenado, la penetración invasiva de modelos de vida cada vez más individualistas, un auténtico culto al dinero. En su introducción a la II Asamblea Especial para África del Sínodo de los Obispos, Benedicto XVI dijo: «África representa un inmenso "pulmón" espiritual para una humanidad que se halla en crisis de fe y esperanza. Pero este "pulmón" puede enfermar»[7]. «Vivimos en una época en la que casi todo se puede comprar y vender. [...] Sin darnos cuenta [...], hemos pasado de tener una economía de mercado a ser una sociedad de mercado», escribe el filósofo estadounidense Michael Sandel[8]. Eso es cierto también en un continente como África.

[7] *Homilía*, 4 de octubre de 2009.

[8] M. SANDEL, *Quello che i soldi non possono comprare. I limiti morali del mercato*, Feltrinelli, Milán 2013, 13-18 (trad. esp., *Lo que el dinero no puede comprar*, Debate, Madrid 2013). Sandel continúa: «La lógica de comprar y vender ya no se aplica solo a los bienes materiales, sino que rige [...] la vida en su totalidad».

No es solo la justa aspiración a tener un futuro diferente, a tener mejores condiciones de vida para uno mismo y para la familia. Es algo distinto. Es el dinero, que, según la elocuente expresión del papa Francisco, «hace que el pensamiento enferme»[9]. En la *Evangelii gaudium* el Papa habló de la «dictadura de la economía sin un rostro», de reducir al hombre «a una sola de sus necesidades: el consumo. Hemos creado nuevos ídolos. La adoración del antiguo becerro de oro ha encontrado una versión nueva y despiadada en el fetichismo del dinero y en la dictadura de la economía sin un rostro y sin un objetivo verdaderamente humano»[10].

A ojos de un mundo que vive para el dinero –subrayaba Benedicto XVI–, la mujer y el hombre que actúan de manera gratuita son extraños o ajenos: «Si el mundo vive en base al dinero, cualquiera que demuestre que la vida se puede realizar en el don y la renuncia, se convierte en una molestia para el sistema de la codicia»[11]. Se trata de dinámicas que hoy se difunden por todas las latitudes pero que se manifiestan con más violencia en

---

[9] *Homilía*, 20 de septiembre de 2013.
[10] EG 55.
[11] *Audiencia*, 20 de abril de 2020.

África, donde en dos o tres generaciones se ha pasado de una sociedad y una economía de tipo tradicional a una globalización que arrasa con todo y lo transforma todo.

En un tiempo cada vez más dominado por el dinero, en el que las relaciones humanas están subordinadas a fines utilitaristas, surgen modelos humanos duros; y el que podría ser el continente de la esperanza y del futuro, de una humanidad más sana y menos corrupta, ve cómo muchos de sus jóvenes son absorbidos por un mito ilusorio: el mundo de los negocios, versión actualizada de la esclavitud del dinero[12].

Andrea Riccardi ha definido la irresistible atracción de este imaginario colectivo como la «dictadura del materialismo»:

En nuestras sociedades existe una verdadera dictadura del materialismo: la del dinero, la de la búsqueda espasmódica de nuevas oportunidades de obtener beneficios. [...] Casi sin que nos demos cuenta, se instaura también en nosotros, en nuestra vida, una nueva especie de dictadura que es a la vez persuasiva e

---

[12] Mt 6,24 y Lc 16,13. La traducción de la Biblia utiliza *dinero* en lugar del término arameo que usa Jesús (*«mamón»*, que significa «dios de la avaricia»).

inexorable. Esta dictadura dice que lo único que importa es el dinero. Que lo demás no tiene importancia. Dice que no hay que dejar escapar ninguna oportunidad. Que no se puede perder el tiempo con los sentimientos, con el espacio de dar, de lo gratuito. Que todo se compra o se vende (marzo de 2008).

¿Qué respuesta se puede dar a este tsunami cultural que irrumpe de manera imprevista y violenta y que cambia el perfil del hombre africano? ¿Cómo ayudar al continente a no caer en manos de una lógica mercantilista que seduce corazones y mentes y que plasma los sueños de las nuevas generaciones?

Las fuerzas que están en juego son enormes. El hombre y la mujer muchas veces están sometidos al mito del dinero. Pero aquel que pone en el centro de su vida la fe es libre, es solidario, es capaz de vivir la gratuidad. Y eso es lo que vivió Floribert con su fidelidad al Evangelio.

4
Cambiar nuestro tiempo

Floribert Bwana Chui bin Kositi, el primero de once hermanos[1] y hermanastros –siete varones y cuatro féminas–, crece en un contexto familiar que en Kivu se podría definir como acomodado. Sus padres tenían un buen trabajo. Su padre, Deogratias Kositi Bazambala, era funcionario de banca; su madre, Gértrude Kamara, era agente de la policía fronteriza.

Los padres finalmente se separaron –con cuatro años Floribert se fue a vivir con su padre, aunque mantuvo un fuerte lazo con su madre–, pero al niño y posteriormente joven primogénito no le faltaron ni el cariño ni el respaldo. Gracias a Deogratias Kositi, que apreciaba su inteligencia curiosa y reflexiva,

---

[1] Tres hermanos eran hijos del mismo padre y de la misma madre: Floribert, Jean-Chrysostome y Trésor.

Floribert cursó estudios primarios, secundarios y superiores. Estudió en la École Communautaire du Lac de Goma, en el Collège Alfajiri de Bukavu (el reputado instituto de los jesuitas) y en la sección comercial administrativa del Institut Sangara, también en Goma. Y luego pudo ir a la universidad y asomarse a la vida adulta con una perspectiva inmejorable para su futuro: el mero hecho de haberse graduado ya permitía a Floribert figurar en las filas de la futura élite de la capital de Kivu Norte.

El joven sabía que había recibido más que los demás. Esa «ventaja» no hacía que se centrara solo en su futuro. Era un joven que buscaba. Empieza a frecuentar el barrio de Birere, al este del centro de la ciudad, cerca de la frontera con Ruanda. Al igual que muchas zonas de frontera, es un barrio de mucho movimiento y de venta al por menor, donde la gente vive trapicheando y en condiciones precarias[2]. Un amigo y compañero de estudios de Floribert, Dominique Ruzinge,

[2] K. VLASSENROO-K. BÜSCHER, *The city as frontier: urban development and identity processes in Goma*, para el Conflict Research Group, 2009, disponible en internet: «Dicho distrito [...] se caracteriza [...] por su gran vitalidad [...]. El motivo principal es la presencia de la *petite barrière*, el paso peatonal de la frontera, lugar ideal para tráficos de todo tipo, y para muchos congoleños y ruandeses, la principal fuente de ingresos».

recordaba el deseo que tenían ambos de «trabajar para rescatar a una generación que es víctima de la marginación y del prejuicio»:

Decidimos –también les acompañaba otro joven, Pierre Salumu– fundar una asociación, *Les Amis Intimes*, en Birere. El grupo, que llegó a contar con un centenar de miembros, organizaba grupos de estudio y daba clases gratuitas de repaso. Creamos una compañía de teatro juvenil en el barrio que representaba obras en francés. De aquella manera pensábamos que cambiaríamos la imagen y la vida de aquel barrio y de sus habitantes.

Goma ya era una ciudad relativamente importante. La explotación del distrito minero, las posibilidades que brinda el comercio transfronterizo y una cierta oferta turística lo convierten en un lugar para labrarse un futuro. Esa era la esperanza que albergaba el padre de Floribert cuando llegó a la ciudad a finales de los años setenta del siglo pasado, tras tener que abandonar su distrito natal de Kabambare, en la provincia de Maniema.

Floribert llevaba el nombre de su abuelo paterno, jefe de distrito en aquella circunscripción territorial, primero bajo la administración colonial y luego, durante un tiempo, con los gobiernos que se sucedían en Léopoldville-Kinshasa. Ocupó el cargo hasta 1964, cuando los Simba[3] invadieron la ciudad y su abuelo, representante de la autoridad estatal, fue asesinado por los rebeldes. Por aquel entonces, el padre de Floribert no era más que un niño de nueve años, pero cuando fue adulto puso el nombre de su padre al primer hijo que tuvo[4]. Bwana Chui («señor Leopardo» o «jefe Leopardo» en suajili) era un nombre particular, que tradicionalmente se atribuía al recién nacido del que se esperaba que fuera cazador, guerrero o caudillo.

Los jóvenes a menudo hablan del futuro. Floribert –recuerda también Ruzinge– «estaba convencido de que habíamos nacido para hacer cosas grandes, para incidir en la historia, para transformar la realidad». Una idea lo

---

[3] «Los Leones» en suajili. Así se llamaban los rebeldes de inspiración maoísta que surgieron tras la muerte de Patrice Lumumba y que, encabezados por Pierre Mulele, se enfrentaban al gobierno de Kinshasa.

[4] Posteriormente en un cierto sentido se arrepintió: era como si aquel nombre hubiera llevado a Floribert a seguir los pasos de su abuelo y lo hubiera encaminado hacia la política, o la parapolítica, algo que solo podía tener el mismo trágico final que tuvo su abuelo. Cf la entrevista al padre de Floribert en *Est de la RDC: Le crime banalisé*, *Regards Croisés*, nº 23, abril de 2009.

guio durante toda su breve vida: había sido llamado a algo. Floribert no se contentaba con ser una figura ordinaria. Y, de hecho, no lo era. De algún modo todos lo reconocían. Ya hemos hablado de la capacidad organizativa y de la visión solidaria que vivió el joven en un barrio marginal. Pero también destacaba por encima de sus coetáneos en muchas otras situaciones. Se distinguía por su sagacidad, por su capacidad de tejer relaciones y por sus ganas de participar y de sobresalir. Era extravertido, arrollador, y creía en la fuerza de la amistad.

Hasta en la iglesia se hacía notar: era un creyente convencido, comprometido. «Era religioso, y su religiosidad era seria, intensa», recuerda Gisèle Baabo, amiga de Floribert. Como todos los niños de su generación, Floribert había crecido en un ambiente católico, que giraba en torno al mundo de la parroquia, en su caso, la del Saint-Esprit, donde, con el paso de los años, pudo desarrollar su pasión por el canto y la música. Muchos recuerdan que su voz estaba cargada de «alegría explosiva». No es casual que le gustaran mucho los cantos de Sant'Egidio, especialmente «La résurrection pour l'Afrique», que celebra la irrupción del cambio en la vida problemática del continente. Lo cantaba como un himno de esperanza y de confianza. Entonaba con entusiasmo aquellos versículos que hablan de un Evangelio que cambia «para siempre la faz de la tierra», que ven cómo «el desierto (de África) se vuelve un jardín», que sueñan un futuro en el que ya no haya «ni guerras, ni divisiones, ni injusticias».

Sor Jeanne-Cécile Nyamungu –personaje importante para esta historia, que, acompañando a algunos jóvenes a los encuentros anuales de Pascua, compartirá con Floribert los primeros pasos de la Comunidad de Sant'Egidio en Goma y en la región de los Grandes Lagos– explica que, en las conversaciones que mantuvieron salía a menudo el tema de la paz y de la reconciliación. Y Floribert había dicho a uno de sus hermanos, Trésor, que «no se puede no creer en Dios, porque el mundo tiene que cambiar y Él es quien lo cambia».

Para él toda acción, toda tensión y toda esperanza se basaban en la fe en Dios. Estaba firmemente arraigado en la Palabra de Dios –muchos recuerdan su asiduidad a las Escrituras, especialmente a los salmos y a los evangelios– y había desarrollado una fe gracias a la que todo era posible: el cristianismo era una religión de salvación y Dios era un Dios que interviene en rescate de las situaciones más difíciles. Y cuando Floribert conoce la Comunidad de Sant'Egidio y su primera pe (la oración, *prière*), se siente atraído por la predicación, que es a la vez comprensible y profunda y que propone un Evangelio no como «doctrina» sino como algo que vivir y que poner en práctica. Un compañero de la universidad, Arsène Kiriza, musulmán, recuerda que pasaban horas hablando de religión:

Del cristianismo me decía que era «palabra de vida», «esperanza» y «salvación». En estos términos. Y yo le preguntaba: «¿Salvación? ¿Cómo podéis hablar de salvación los cristianos? ¿Cómo podéis hacerlo en este momento y aquí, en Goma?». Él contestaba que «la salvación consiste en llegar a una determinada meta. Dios nos acompaña hacia esa meta y está a nuestro lado, y cada vez que nos equivocamos, que caemos, nos volvemos a levantar. Porque Dios nos tiende la mano».

Los episodios que se explican sobre Floribert dan muestra de la red de relaciones que tenía. Tenía un carácter expansivo. No le gustaba estar solo. Con los más amigos de la universidad había creado un grupo de debate al que pusieron el nombre de Café Juridique. Gisèle explica: «Era precioso ver cómo sabía estar con los demás. Cuando estabas con él, te sentías como en una familia».

Floribert tenía ganas de saber y de comprender. Leía de todo. En particular, libros de historia: la historia de su país, de grandes hombres del pasado, de la Iglesia y del cristianismo. Y más allá de la historia, libros de política, de economía, revistas –estaba suscrito a *Jeune Afrique* y coleccionaba los números de *Le lien*, la publicación de Sant'Egidio que recopilaba noticias y temas de fondo sobre la vida de la Comunidad y de la Iglesia– y otras muchas publicaciones. Cuando unos meses antes de morir iba a dejar Kinshasa para volver a Goma, no podía poner todas sus cosas en la maleta, así que cargó los libros y dejó la ropa. Con las lecturas Floribert se convencía de que era posible cambiar el mundo. Si otros habían hecho historia, ¿por qué no intentarlo hoy?

Además, aquel era un tiempo de pasión civil, de impulsos y de sueños. Había la idea de que gran parte de lo que había ido mal en el Congo se podía reconducir. La historia volvía a empezar, el futuro podía estar en manos de una generación nueva, honesta y limpia que se hiciera cargo del bien común.

En aquellos años la Iglesia congoleña invitaba a sus fieles a implicarse a fondo en la sociedad, y en un texto por los cincuenta años de la independencia del país, los obispos escribían:

Denunciamos todas aquellas formas de religiosidad y de espiritualidad que desresponsabilizan al ciudadano congoleño y lo apartan de la misión de construir la ciudad terrenal. Recordamos a los fieles católicos que, en cuanto «sal de la tierra y luz del mundo», tienen el cometido de participar activamente en el nacimiento de una nueva sociedad, de emplearse a fondo en el desarrollo de nuestro país[5].

Son años de fermento porque, a pesar del contexto de guerra y de enfrentamientos étnicos, en el Congo soplaba un viento de esperanza. Entonces Floribert se matricula en la facultad de Derecho de la universidad de Goma –una universidad grande y muy activa– y entra en contacto con la Comunidad de Sant'Egidio.

---

[5] Texto preparado para el cincuenta aniversario de la independencia del país, titulado *Notre rêve d'un Congo plus beau qu'avant*.

Para los jóvenes, la universidad es el mundo de las posibilidades y del futuro. No es de extrañar, pues, que cuando la Comunidad de Sant'Egidio da sus primeros pasos en la región se difunda precisamente entre el ambiente de los jóvenes universitarios: en Burundi, Ruanda y en el cercano Congo hay toda una generación que mira con esperanza al futuro después de las terribles experiencias del genocidio y de los conflictos interétnicos. Pero el contexto universitario, lugar donde se forman las élites, también es el de la iniciación a la política. En la UniGom terminan reverberando las contradicciones y las divisiones de la sociedad de Kivu Norte, empezando por las de carácter étnico, y en más de una ocasión se utilizan armas de fuego para dispersar las manifestaciones estudiantiles.

Floribert rechaza tanto la violencia como el enfrentamiento étnico-identitario. Animado por el deseo de contribuir a cambiar su país, decide entrar en política, pero con una línea estrictamente no violenta. Lo hace alejándose de lo que el mismo joven denominaba «la propensión a la tribalización» y afirmando que todo paso, toda decisión, deben realizarse «abstrayéndose de consideraciones étnicas o tribales» (son palabras suyas de una entrevista que le hace el diario *Le Potentiel*, edición del 22 de enero de 2007).

En la reflexión de Floribert este era un punto crucial. Observaba y vivía con sufrimiento la deriva etnicista en curso, el deterioro de la convivencia civil en Goma y en otros lugares. Trésor recuerda:

Decía que la gente estaba demasiado dividida, que hacían discursos demasiado extremistas. Él, en cambio, procuraba evitar toda lógica identitaria y violenta: hablaba con todas las partes en causa y esperaba lograr que los que se detestaban volvieran a acercarse. Se daba cuenta de que sus esfuerzos no tenían un gran éxito, claro, pero seguía intentándolo.

En la universidad Floribert se distingue por su carácter sociable y extrovertido, atento a aplacar disputas y a cortar discusiones. Carine Habimana[6], una joven de la Comunidad de Sant'Egidio de Goma que tenía una gran amistad con Floribert, explica: «Cuando estabas enfadado no dejaba que te fueras hasta que no te hubieras calmado. Decía que hay

---

[6] Se había propuesto quererla de manera especial tras saber que era huérfana, y le hacía un poco de hermano mayor: «Era de los que te quieren de verdad. Me llamaba "hermanita". Y realmente sentía que era como un hermano, más que un hermano».

que vivir en paz con todo el mundo, que no hay que guardar ningún rencor». Y Clémentine Abinamwisho, que en aquellos años era la responsable del servicio de Sant'Egidio a los niños, comenta: «Era un constructor de paz».

Floribert estaba convencido de que para entenderse era suficiente hablar, y aquello era algo insólito en un contexto dado a los altercados. Ponía aquella convicción y su pasión por la dialéctica al servicio de la reconciliación. Para él hablar con uno y con otro era un intento de concretar a pequeña escala un sueño grande: recoser el escenario roto de Kivu.

Uno de los amigos de Floribert recordó que «hablaba muchas veces de la paz en Mozambique y decía que la Comunidad había logrado reconciliar a los que se enfrentaban desde hacía años»[7]. Le fascinaba aquella

[7] El 4 de octubre de 1992, en Roma, Joaquim Chissano, presidente mozambiqueño y secretario del Frelimo, y Afonso Dhlakama, líder de la Renamo, firmaron el Acuerdo General de Paz que puso fin a dieciséis años de guerra civil, con un millón de muertos y más de cuatro millones de refugiados. La firma concluyó un largo proceso de negociación que tuvo lugar en la sede de la Comunidad de Sant'Egidio. En el antiguo monasterio de Trastévere, Andrea Riccardi, fundador de la Comunidad, Matteo Zuppi, hoy cardenal y arzobispo de Bolonia, Jaime Gonçalves, arzobispo de Beira, fallecido en 2016, junto con Mario Raffaelli, representante del gobierno italiano, habían tejido pacientemente un diálogo con los beligerantes durante más de dos años, que empezó el 10 de julio de 1990

paz estable que se había convertido en un modelo materializable a través del diálogo y del encuentro. Y la hermana Jeanne-Cécile reproduce una frase suya muy eficaz: «Decía que la Comunidad sentaba a todos los pueblos a la misma mesa».

Así pues –volviendo al mundo universitario–, Floribert entra a formar parte del movimiento asociativo estudiantil. Cree firmemente en el papel de los jóvenes para cambiar la sociedad y para hacer progresar el país y empieza a albergar un cierto interés en la política. Decide entrar a formar parte de la Association Estudiantine y solicita su inscripción al presidente de la asociación, John Awazi.

Con la Estudiantine el joven universitario hace su rodaje en la arena pública, se muestra activo en el ámbito académico, participa en actividades y congresos y viaja por los dos Kivus y por toda la región.

Y precisamente en uno de esos viajes y encuentros Floribert conoce la Comunidad de Sant'Egidio. En mayo de 2000, en Butare (Ruanda), en la universidad más

---

El entonces secretario general de la ONU, Boutros-Ghali, habló de una «fórmula italiana» para describir la «actividad pacificadora» de la Comunidad.

importante del país de las mil colinas, se celebraba una conferencia interuniversitaria. El joven estudiante de Derecho participaba en aquel evento junto a algunos amigos. Con él estaban, entre otros, Jean-Jacques Bakinahe –también estudiante de Derecho– y Jeanne-Cécile –a la que ya hemos conocido, y que por aquel entonces, antes de entrar a formar parte de la Congrégation des Soeurs de la Charité Maternelle, estudiaba Medicina–. En Butare, el joven y sus amigos conocieron a Célestin –entonces responsable de Sant'Egidio de Ruanda– y a Brigitte Semakuba –de Goma, que estudiaba en la facultad de Medicina al otro lado de la frontera–, quienes les habían hablado de los fundamentos y de la historia de la Comunidad. Insistieron en la importancia de la oración y del servicio a los pobres, y supieron comunicar la fascinación de una aventura humana y espiritual.

Cuando volvieron al Congo, Floribert y Jean-Jacques se lo explicaron a Henri Mashagiro, otro gran amigo de los años de adolescencia, y juntos organizaron una conferencia de presentación de Sant'Egidio en la universidad de Goma. Todo fue bien, varias personas se mostraron interesadas en la propuesta de empezar en Kivu algo de aquel estilo. Así es como Floribert, Jean-Jacques, Henri y Brigitte –que terminaba sus estudios– empezaron a vivir la oración de la Comunidad.

La oración de Sant'Egidio es un momento centrado en la Palabra de Dios y su explicación, el canto de los salmos y la oración de intercesión. A Floribert le causó un fuerte impacto aquella predicación directa y concreta que establecía un nexo entre el texto y la vida: sí, un Evangelio en la vida y en la historia, según la gran lección del Concilio Vaticano II. Confesaba a sus amigos –y lo repetía también en los encuentros– que se sorprendía porque muchas palabras le llegaban al corazón: «¡Parecía como si aquellas palabras fueran para mí!». Su relación con la Palabra le daba fuerza, serenidad y perspectiva. Carine recuerda: «Era su punto de referencia para cualquier circunstancia de la vida: "Si tienes algún problema, sea cual sea –me decía–, coge el Evangelio y léelo. Te consolará y te dará alegría"»[8].

La cuestión es que Floribert daba una gran importancia a las palabras. A las suyas,

_____

[8] El mismo Floribert siguió al pie de la letra esta indicación los días anteriores a su secuestro, porque encontró en los Evangelios el consuelo y la orientación que estaba buscando.

a las de los demás y, evidentemente, a la Palabra de Dios. Para Floribert las palabras –y la Palabra– no quedaban confinadas en un libro o en una cháchara insignificante, sino que se transformaban en realidad y en vida. Consuelo y alegría, como le había dicho a Carine.

5
Cambiar el corazón

El 17 de enero de 2002 un acontecimiento
trastorna la vida de los habitantes de Goma:
el volcán Nyiragongo, que domina impo-
nentemente la ciudad, entra en erupción y
deja un doloroso balance. Hubo decenas de
víctimas, la ciudad fue seccionada por la lava
hasta el lago, la catedral quedó destruida, el
magma arrasó viviendas, negocios y calles (el
mismo Floribert perdió su casa de Virunga)
y el aeropuerto quedó inservible. La ciudad
estaba desfigurada, miles y miles de habitantes se habían refugiado en Gisenyi, en Ruanda
o en los alrededores; algunos cruzaron el lago
y llegaron a Bukavu. Muchos niños no sabían
nada de sus parientes. Además, los saqueos
que siguieron a la catástrofe, el caos y la lenti-
tud de las operaciones de auxilio alimentaban
la rabia y el resentimiento.

La tragedia de la erupción tiene un fuerte impacto en Sant'Egidio del Congo, de Roma y de todo el mundo. La Comunidad quiere estar al lado de un país ya martirizado y ahora víctima de la fuerza de la naturaleza. Se envían contenedores inmediatamente con ayuda de primera necesidad. Y en Bukavu y Kigali se compran cosas básicas (arroz, otros alimentos, colchones, mantas y ropa) que salen hacia Goma. Allí los representantes de las comunidades congoleñas y ruandesas reparten lo que se ha recogido en Europa.

Floribert está con ellos. Ha perdido su casa, pero sabe que hay gente que está peor que él. Siempre va a Kanyarushya, donde las grandes agencias internacionales no se atreven a enviar su ayuda por miedo a los grupos armados que ocupan las colinas de los alrededores. La Comunidad elige aquel lugar para repartir la ayuda porque no había que dejar a nadie atrás o fuera de la solidaridad. Está allí desde primera hora de la mañana, a pesar de la distancia que hay desde la zona a la que ha tenido que mudarse. Aquellos días emerge su espíritu solidario, su activismo partícipe y simpático, en el sentido etimológico del término. Va hasta Masisi para comunicar a los desplazados que ha llegado ayuda y que pronto la repartirán sobre el terreno. Y, efectivamente, el joven vuelve con otros amigos y entrega ropa para seiscientas personas.

El estudiante de Derecho había adquirido un fuerte sentimiento de pertenencia a la Comunidad de Sant'Egidio. Sentía el orgullo de repetir con la Comunidad: «Nadie es tan pobre como para no poder ayudar a otro pobre». Era una idea que aplicaba a su vida: el rescate y la esperanza nacen cuando uno mira más allá de su situación, de sus límites, de sus intereses.

En aquella aventura de fe y solidaridad que lleva el nombre de Sant'Egidio, Floribert había encontrado lo que iba buscando desde hacía tiempo. No había separación entre la vida de fe y la ayuda a los demás. Formar parte de la Comunidad, compartir su camino, vivir su espíritu, era para él el punto de llegada. Se le veía felizmente implicado, animado por una búsqueda religiosa seria. Parecía que su deseo de paz, justicia y fraternidad, hasta el momento poco satisfecho, había encontrado una manera de expresarse.

Con aquel mismo espíritu el joven universitario participa fielmente en las actividades de animación y de formación de la Escuela de la Paz que Sant'Egidio hacía en el orfanato diocesano Baraza la Watoto, un centro que acogía a no pocos de los menores que la erupción del volcán había separado de sus familias.

La Escuela de la Paz de Baraza la Watoto es un servicio que la Comunidad empieza en Goma justo aquel febrero de 2002, y que no interrumpe cuando termina la situación de emergencia provocada por la erupción. Todos iban allí el sábado por la tarde, pero Clémentine Abinamwisho recuerda que Floribert también se pasaba por allí otros días de la semana:

> Sacaba la cabeza de vez en cuando para preguntar si todos habían comido, si alguien tenía problemas de salud. Tanto los huérfanos como los niños que estaban allí de manera provisional lo conocían bien, mejor que los demás que iban allí a verles.

Los primeros meses de 2002 son especialmente importantes para Floribert por la pérdida de su casa, el dolor de la gente, pero también por la experiencia de ayudar a los demás con la Comunidad. Se abre a una idea cada vez más clara: intuye que su corazón puede y debe cambiar convirtiéndose y escuchando la Palabra de Dios, y que precisamente si cambia interiormente podrá contribuir a regenerar su país. No sabemos si Floribert conocía aquellas palabras de Martin Buber que se citan a menudo en Sant'Egidio: «Empezar por uno mismo: eso es lo único que importa. Transformarme a mí mismo es el punto de Arquímedes a partir del cual puedo levantar el mundo». Seguramente vivía el sentido profundo que hay en esas palabras.

Aquellos días visita Goma el padre Francesco Tedeschi, de la Comunidad de Roma, responsable de la relación con las Comunidades de los Grandes Lagos. Se reúne con los hermanos y las hermanas de Kivu Norte en una asamblea (24 de febrero) para estar juntos tras la erupción y para orientarse hacia la Semana Santa. Faltaba un mes para una Pascua que traería una destacada novedad: un congreso en Mbare (Ruanda) que iba a ser una ocasión de debate y de unidad entre las distintas familias de Sant'Egidio de la región, un encuentro común a ocho años de distancia del genocidio y después de que las dos rebeliones abrieran profundos abismos de desconfianza y de hostilidad entre las distintas poblaciones. Y precisamente aquel encuentro de Pascua fue una prueba apasionante de fraternidad: todos estaban lejos del clima intoxicado de las derivas étnicas, todos convergían en torno a Aquel cuya muerte y resurrección había derribado el «muro de separación»[1] que divide a los pueblos.

En su cuaderno de apuntes, Tedeschi anota la intervención de Floribert en aquella asamblea:

Quería decir dos cosas que para mí son importantes, una sobre el valor de la oración y otra sobre el valor del encuentro de Pascua que nos disponemos a vivir. Para mí la oración es fundamental: yo creo en el Eterno y creo que Él me concederá todo lo que le pida en la oración. Pero parece que los acontecimientos más recientes contradicen lo que acabo de decir. Yo lo he perdido todo. ¿Acaso he sido injusto? ¿Por qué no ha escuchado Dios mi oración? ¿Por qué no ha protegido mi vida? Pero luego pienso que Dios no es una máquina que sirve para atender lo que yo pido. Entonces me doy cuenta de que la oración, más bien, me ayuda a comprender lo que ocurre y me recuerda mi fragilidad, me recuerda que no soy más que un hombre, un hombre que siempre necesita ayuda.

---

[1] Ef 2,14.

Floribert había asimilado en lo más profundo de su ser la confianza de que el Señor escucha nuestra oración, como enseña en el Evangelio. Los problemas y el dolor habían puesto a prueba esa fe. Pero el joven no había caído en un sombrío pesimismo. Dios no deja de ayudar a quien se siente frágil y se dirige a Él. Y precisamente el segundo punto de la intervención de Floribert señalaba el camino para obtener la ayuda del Señor: la celebración común de la Pascua, que reunía a creyentes de Sant'Egidio de distintos pueblos y de diferentes etnias. Además, según la tradición cristiana, la Pascua es un momento central en la vida comunitaria, un momento que se vive en la liturgia y escuchando atentamente la Palabra. A ese respecto, Floribert dijo:

En cuanto a la Pascua, lo que quiero decir es un deseo: ¡que el encuentro de Mbare enseñe al mundo que podemos vivir juntos!, ¡que existe la resurrección! En un tiempo en el que se difunden el etnicismo y el regionalismo, es realmente importante tener un horizonte de cercanía y de encuentro.

En un cierto sentido, el encuentro de Mbare era una apuesta. Para muchos congoleños en aquella época ir a Ruanda era algo inusual, cuando no escandaloso. Pero Floribert no compartía aquella idea. Había leído las palabras de Pablo a los colosenses como el verdadero camino para salvar a una humanidad fracturada: «Aquí no hay griego y judío, circunciso e incircunciso, bárbaro, escita, esclavo y libre, sino Cristo, que lo es todo, y en todos»[2]. Por eso se había sentido impresionado por las palabras finales de la liturgia de aquella Pascua:

El Señor prepara un mundo nuevo donde ya no habrá guerra, donde los odios desaparecerán, donde la violencia ya no se asomará como un ladrón en plena noche. [...] Los niños crecerán en paz. [...] Sí, es un gran sueño. Así pues, no vivamos para lo que no vale. ¡Vivamos para este gran sueño!

Aquellos días de encuentro desataron en Floribert su alegría, su implicación, su deseo de estar con los demás. Su afabilidad, su capacidad de encajar con todos y su pasión por el diálogo hacían que estuviera siempre en todos los corrillos que se formaban después de la cena, o en las pausas entre sesio-

[2] Col 3,11.

nes, entre un momento litúrgico y otro. También estallaban su amor por el canto y por el baile cada vez que estaban juntos. En un vídeo de aquellos días que se puede ver en el memorial de los nuevos mártires de Roma, en la basílica de San Bartolomé, aparece entusiasmado por esta fraternidad recuperada y compartida mientras canta «La résurrection pour l'Afrique». A partir de entonces, los años siguientes volvió encantado a Ruanda para celebrar la Pascua. Aquella cita se renovó nuevamente en 2003, también en Mbare, y luego en 2004 y en 2005 en Butare.

6
Los pobres por amigos

Floribert se implica con Sant'Egidio en las Escuelas de la Paz –no solo en Baraza la Watoto sino también en el barrio pobre y marginal de Mabanga– y en las comidas de Navidad. En Goma empiezan a organizar la comida de Navidad en 2004. El joven se pone en movimiento junto a Clémentine, a Jean-Jacques, a Corneille Semakuba (el hermano de Brigitte) y a otros, para hacer las invitaciones y para conseguir la comida (arroz, pollo, etc.) para aquel encuentro solidario. Se emplea a fondo para que la fiesta transcurra en un clima de amistad y de alegría, para que realmente los pobres perciban aquella comida extraordinaria como una oportunidad para estar juntos como una sola familia, sin divisiones, el día en el que se recuerda el nacimiento de Jesús.

La comida de Navidad empezó en Roma, al abrigo de los maravillosos mosaicos de la basílica de Santa María de Trastévere en 1982. Es un acontecimiento que celebran muchas comunidades de Sant'Egidio, reuniendo a los que en aquella festividad están más solos o marginados. La comida se caracteriza por su clima familiar y se celebra en la sala más grande o en una iglesia. El papa Benedicto XVI, que compartió una de las comidas para los pobres de la Comunidad, definió aquel clima con estas palabras: «¡Aquí no se distingue quién sirve y quién es servido!».

Floribert comprendía bien la importancia del trabajo que lleva a cabo Sant'Egidio a favor de los niños de Goma. Si la Comunidad es una familia, los niños son como hijos. Y a los hijos se les quiere, se les transmite lo que uno sabe y vive, se les ofrece la posibilidad de tener un mañana mejor. Es un trabajo de gran valor, y más cuando la República Democrática del Congo tiene grandes problemas y graves carencias en el ámbito de la formación, de la educación a la paz y a la interculturalidad. El joven universitario, que había estudiado en centros privados, conocía la situación que se vivía en las escuelas públicas y comprendía lo importante que podía ser un apoyo afectivo y formativo, gratuito y partícipe. Intuía que el servicio de Sant'Egidio a favor de los niños desfavorecidos era un signo profético que significaba poner a los más pequeños en el centro y salvarlos de la marginalidad a la que muchas veces están condenados los niños de Kivu. Es algo que ocurre en muchos países africanos y de otros continentes. Las Escuelas de la Paz que la Comunidad de Sant'Egidio ofrece en muchos países son una respuesta a la marginalidad de los niños.

Del mismo modo, se abre paso en la mente de Floribert la idea de que también podrían ayudar a los *maibobo*, nombre con el que se conoce a los niños de la calle en la región de los Grandes Lagos. Floribert se había fijado varias veces en su dura vida, en su *«se débrouiller»* de forma aún más desesperada que los adultos, pidiendo limosna, cometiendo pequeños robos, valiéndose de su pequeño grupo, a veces violento.

En Pascua de 2004 Andrea Riccardi propuso a las Comunidades de todo el mundo una profunda reflexión sobre el sentido de la Semana Santa. Floribert escuchará estas palabras en Butare, durante el tercer encuentro de Pascua de las Comunidades de los Grandes Lagos. Son palabras que le harán reflexionar:

> Este Viernes Santo nos pide que no olvidemos al que es compañero del Señor en las numerosas cruces de este mundo. Nos pide que estemos a los pies de sus cruces. Que estemos cerca de los pobres. [...] A los niños se les deja crecer en la calle, no se les ayuda, aunque son débiles y no saben defenderse de la vida. [...] Los vemos, a estos niños, en nuestras Escuelas de la Paz. Los vemos –y lo sentimos mucho– lejos de nuestras Escuelas de la Paz. Quisiéramos dar a todos los niños y a todos los jóvenes que la necesitan la alegría de la paz, de un futuro de paz.

Todo aquello planteaba preguntas al joven. No podía evitar sentir como una herida la situación de los menores que vivían por las calles de Goma y que habían sufrido el abandono y la indiferencia, la ausencia de unos padres. Por eso Floribert se acercó a la «cruz» de todos ellos para dar respuesta a su muda (pero real) súplica de compañía y de ayuda, para llevarlos a la Escuela de la Paz y darles protección y esperanza, un presente y un futuro de paz.

¡Ah, la paz...! Lo que le impresionaba era que aquellos niños eran víctimas no solo de las circunstancias concretas que les habían llevado a convertir la calle en su casa, sino también de la hostilidad de la gente. Floribert veía en el trato que se propinaba a los *maibobo* la lógica encubierta de contraposición, la búsqueda de una cabeza de turco. Siempre había una guerra de por medio. Había guerras para echar a uno u otro líder, uno u otro ejército, una u otra etnia. Pero, de manera trágica e insensata, había guerra también en el pequeño mundo urbano de Goma, una guerra para echar a uno u otro niño de la calle, a uno u otro pobre.

Floribert, por el contrario, había aprendido en la Comunidad, y lo había oído el Viernes Santo de 2003, que «el hombre de paz es amigo de los pobres. El amor por los pobres es una respuesta a la guerra, el amor por los pobres es amor por la paz». Si es cierto, como se dice en Sant'Egidio, que «la guerra es la madre de todas las pobrezas», estar al lado de los pobres cauteriza las heridas de la guerra, es una manera de oponerse a cualquier conflicto, enseña a librarse de la complicidad más o menos consciente con el mal y la violencia que es ir contra alguien, contra los demás. En Goma se dice que los *maibobo* roban, son violentos, son una plaga. Hay que mantenerse lejos, muy lejos de ellos. O, si es posible, hay que hacer que se vayan lejos... Floribert, en cambio, se acercaba a ellos. Había empezado a ir a verles, a establecer una relación con ellos; hablaba con ellos, quería conocerles, comprender su vida. Su padre recuerda:

> Fue uno de los primeros que se ocupó de los niños de la calle aquí, en la ciudad. En cuanto tenía algo de dinero lo gastaba para ellos, iba a comprarles algo de comer. A veces, alguno de aquellos niños hasta lo acompañaba cuando volvía a casa.

La Comunidad de Goma empieza un servicio con los niños de la calle en mayo de 2004. Deciden que los jueves, hacia las 19.00 h, en grupos, por turnos, prepararán té, comprarán pan o galletas y, desde el Rond-point des banques, irán a las otras tres o cuatro plazas principales de la ciudad para ver a los niños que se congregan cuando se pone el sol.

Los inicios no son fáciles. Existe un fuerte prejuicio contra los *maibobo*, pero también es cierto que el mundo de la calle es duro, a veces violento, y no es fácil entrar en él. La relación de confianza entre un pequeño grupo de jóvenes universitarios y las bandas de niños acostumbrados a la vida de la calle debe construirse desde cero. Hay que abrir brechas en las corazas defensivas de unos y de otros. Hay que pensar, aprender de los fracasos, de los errores, sin desanimarse ni resignarse. Clémentine conserva muy vivo el tragicómico recuerdo de una fiesta que organizaron en Pentecostés de 2004 con los niños de la calle:

Empezamos a cantar, a bailar, a hacer juegos. El ambiente era alegre, todos se divertían. Llega el momento de servir la merienda, dulces y zumos de fruta. Entonces nos damos cuenta de que, a pesar de los cálculos que habíamos hecho, la comida no llegará para todos, y los zumos de fruta tampoco. La cuestión era que habían venido muchísimos niños, más de los que habíamos invitado y, por si fuera poco, cada vez eran más. Floribert viene y me dice: «Lo que teníamos ya se ha terminado. A ver si ahora empiezan a tirarnos piedras. ¿No será mejor que nos vayamos? Salgamos uno a uno...». Intentamos dar con otras soluciones, pero al final la única viable era la que él decía. Poco a poco nos escabullimos y cada uno volvió a su casa. ¡Un fiasco, vaya! ¡Como para tirarnos piedras nosotros mismos!

Clémentine sigue su narración y nos transmite plásticamente la vida concreta de aquella Comunidad:

Unos días más tarde, en la reunión que hicimos para hablar de cómo había ido, empecé diciendo que nos habíamos precipitado, que quizás no deberíamos haber invitado a todos. Floribert no estaba de acuerdo. Sí, nos habíamos equivocado, pero el error no fue invitar a demasiados niños, sino tenerles miedo. Es decir, hablaba también para él mismo... Le había dado vueltas porque había visto por la calle a algunos *maibobo* que habían estado en la fiesta y que no dejaban de darle las gracias y de hablarle del atracón que se habían dado. Era importante que lo habláramos con calma, porque de aquello dependía el futuro del servicio. Por eso seguimos debatiéndolo. Teníamos que decidir si seguíamos como hasta entonces –ir por toda Goma con comida y té– o si era mejor «cubrir» una zona más reducida de la ciudad. Aquel día yo optaba por la segunda opción. En mi opinión, había que limitar el número de niños de los que nos ocupábamos. Más adelante ya veríamos qué hacíamos con los demás.

Floribert se pronuncia en el debate:

Pero Floribert opinaba justo lo contrario. Nos explicó –sí, *explicó*– que con los niños de la calle no se puede hablar de «barrios», que se movían por toda la ciudad, que todos se conocían, y que, si uno de ellos se enteraba de dónde daban pan u otras cosas, informaría inmediatamente a los demás y los haría venir. «Porque –dijo para terminar– los niños de la calle no son egoístas».

Así termina el testimonio de Clémentine:

Ninguno de nosotros había pensado nunca en eso. Pero Floribert había comprendido muchas cosas de los niños de la calle, había entendido su manera de pensar y, de algún modo, había terminado pensando como ellos. Por otra parte, siempre había tenido la ambición de llegar a acertar lo que pensaban los demás. Y no solo entre nosotros, en la Comunidad, sino también en aquel mundo desconocido que apenas empezaba a explorar, el mundo de los niños de la calle.

Tenía una comprensión profunda de aquel contexto, próximo pero muy distinto. Se había entregado en cuerpo y alma al nuevo servicio. Por eso comprendía a los *maibobo*. Trésor y Dismas, que habían conocido a Floribert en Birere, recuerdan:

> Hablaba mucho de los niños de la calle. Decía que no somos diferentes de ellos, que nosotros y ellos somos los mismos. Y que no habían sido ellos los que habían elegido aquella vida, sino que se habían visto obligados a llevarla por determinadas circunstancias.

Y las circunstancias podían cambiar, si se dejaba espacio a la fuerza de resurrección que viene del Evangelio. Otros miembros de la Comunidad de Goma explican:

> Floribert decía que la violencia de los niños de la calle era la consecuencia del rechazo de la sociedad. Era aquel rechazo lo que les llevaba a robar, o a tener comportamientos «contra». Por eso –decía–, la Comunidad y la Escuela de la Paz, en primer lugar, debían crear un clima acogedor a su alrededor. Y eso se podía lograr de manera sencilla con la amistad, con la relación personal, sin quién sabe qué ayuda económica o material. Porque lo que necesitaban los *maibobo* era que los miraran con otros

ojos, que tuvieran con ellos una actitud inclusiva. Buscaban a alguien que no los excluyera de su vida, que no los descartara de su ciudad.

Carine también evoca la pasión inteligente con la que el joven universitario contrarrestaba el prejuicio hacia su vida:

Estaba «obsesionado» con ellos, los trataba con consideración, con cariño, los defendía. Un día estaba paseando con él y con mis hermanos. Nos cruzamos con un niño de la calle. No sé por qué aquel niño se puso a seguirnos, a llamarnos, a molestarnos. De vez en cuando pasa. Mi hermano mayor al final se puso nervioso y se dio la vuelta: quería gritarle, amenazarlo, para que se fuera. Pero Floribert lo detuvo, le dijo que aquellos niños eran personas como nosotros, como todos, que no había que tratarles mal. Él cambiaba la perspectiva desde la que miras las cosas, invertía tus puntos de vista. Es lo que hizo conmigo. Si empecé a querer a los pobres, si me hice amiga de los niños de la calle, y luego de los ancianos, si hoy voy a visitar a los refugiados de Mugunga[1], es

---

[1] Mugunga fue –y por desgracia todavía es de vez en cuando– un gran y abarrotado campo de refugiados donde Sant'Egidio repartía ayuda y donde estuvo presente con un servicio de tipo domiciliario y con la construcción y gestión de

solo por mérito de Floribert. Al principio me daban miedo los pobres; pensaba que los niños de la calle eran todos criminales, y los ancianos, brujos. Pero fui a visitarles con Bwana Chui y aquello me cambió. Se lo debo todo. Y nunca lo olvidaré. Él me enseñó el valor del amor, de la gratuidad.

En la Comunidad Floribert había aprendido una cosa del Evangelio y de la amistad con los pobres: la gratuidad. Este es *el tema* de estas páginas. Floribert decidió vivir la gratuidad, y como consecuencia de aquella decisión años más tarde tuvo que soportar una oscura y terrible prueba. Aquella decisión tenía sus raíces en el servicio a los pobres que el joven había vivido apasionadamente con Sant'Egidio. En un mundo en el que todo se compra y se vende, y donde solo tiene valor lo que tiene un precio, aquel servicio lo había

una escuela –que lleva el nombre precisamente de Floribert Bwana Chui, sobre la que hablaremos más adelante– desde el curso 2008-2009, cuando una serie de incursiones del CNDP en Kivu Norte provocaron la huida de decenas de miles de civiles. Mugunga resume de algún modo la historia dolorosa de los numerosos conflictos de la región. Allí se establecieron los refugiados tutsis del 94, los hutus del 94-96 y luego, paulatinamente, todos los que siguieron huyendo de las distintas guerras de los Grandes Lagos hasta la ocupación de Goma (noviembre de 2012) por parte del M23 y los enfrentamientos más recientes.

llevado a ver la vida de otro modo. «Me repetía que tenía que vivir la gratuidad siempre, cada día», explica Carine. Floribert creía firmemente que él y los demás miembros de la Comunidad podían ser en Goma profetas del amor y de la gratuidad, ejemplos de una nueva mentalidad y de una nueva manera de vivir.

Haciendo el servicio con los niños de la calle conoce a Jonathan (abril de 2005). Por aquel entonces tenía catorce años. Tres años antes había llegado a Goma procedente de Bukavu en uno de los barcos lanzadera que cruzan el lago. Según explicó él mismo, había subido al barco en broma, pero la embarcación había zarpado antes de que pudiera saltar y terminó en una ciudad desconocida y sin saber cómo volver a casa. Así relata Jonathan cómo conoció a Floribert:

Cuando lo vi por primera vez, me dio miedo. Iba bien vestido, y una persona así normalmente no se acerca a los niños de la calle, no les habla. Pero vino directo hacia mí, como si me estuviera buscando. Pensé que escondía algo, que tenía intención de hacerme daño. Por eso me puse en guardia. Pero empezó a hablar conmigo y me invitó a lo que llamaba la Escuela de la Paz. Yo no me fiaba, no quería ir, se lo dije. Pero me impresionó su insistencia. Fue toda una sorpresa, porque yo no era de su familia, pero él venía a buscarme, me preguntaba cosas, se preocupaba por mí. Se ofreció incluso a pagarme los estudios, quería que fuera a la escuela. Era para no creérselo.

Jonathan explica que su amistad personal con Floribert fue creciendo:

Cuando le preguntaba por qué hacía todo aquello, me contestaba: «Porque para Dios todos son iguales, tienen los mismos derechos. Así debe ser entre los pueblos y entre las personas». Me explicaba que la Escuela de la Paz había empezado precisamente porque todos tienen derecho a la paz en su corazón —es decir, la amistad— y que yo también podía y debía aprender a ser amigo de los demás. Pero para lograrlo tenía que dejar de esnifar pegamento y de robar. Lo que más me gustaba de Floribert era que hablar con él me hacía sentir mejor. Es verdad que también me pagó la escuela, y yo me alegré mucho y aprecié aquel gesto. Pero no era esa la cuestión, el dinero no era lo más importante. De hecho, cuando venía por aquí, ninguno de los niños de la calle debía pedirle dinero. Lo habíamos decidido todos juntos, porque uno no pide dinero a sus amigos. Lo más importante era que se ocupaba de mí, me daba su cariño, me aconsejaba, se interesaba por esto, por lo otro, por mí, en general.

El testimonio de Jonathan es significativo porque demuestra que Floribert se ocupaba de muchos aspectos de la vida de su joven amigo, incluido el aspecto religioso. Tenía una capacidad directa y simple de transmitir la fe en que el Señor está cerca:

Insistió en que me bautizara. Decía que el bautismo es importante, sobre todo para quienes viven en la calle. Yo nunca lo había pensado, la verdad, y además mi familia era musulmana. Pero él afirmaba que para los niños de la calle la vida es peligrosa, y allí donde hay peligro es bueno que también esté Jesús, como un amigo mayor que te protege, y esté Dios, como un Padre que cuida de ti. Entonces me convencí.

Al año siguiente, Floribert se fue a Kinshasa. Pero cuando volvió el año pasado –Jonathan, entrevistado en 2008, se refiere a 2007–, vino a verme y me dijo que había hablado con un amigo suyo de la Comunidad de Bukavu, Bernard, y que estaban estudiando cómo devolver a su casa a niños como yo, con sus familias de origen. Quería saber si me gustaría volver a casa con mis padres. No creía por completo que aquello fuera posible, y tampoco sabía si mis padres se acordarían de mí, pero decidí confiar. Subimos al barco y desembarcamos aquí, en Bukavu, y fuimos a mi casa. Mis parientes y mis vecinos me reconocieron, pero en seguida supe que mi madre había muerto. Entonces Bernard y Floribert empezaron a consolarme, me dijeron que no llorara, que la Comunidad sería mi nueva madre, que me ayudarían a crecer. Así que ahora vivo en Bukavu, gano dinero trabajando y ya no estoy en la calle.

Jonathan explica cómo reaccionó al enterarse de la muerte de Floribert:

Cuando Bernard me dijo que Floribert había muerto, que lo habían asesinado, sentí una gran tristeza. Lo sentí muchísimo. Pero sabía que los hombres buenos no gustan a los demás, que provocan envidia. Porque muchas veces la gente es mala. Pero él no, no lo era. Nunca he conocido a otro como Floribert.

7
Un hombre libre

En diciembre de 2005 Floribert se gradúa en Derecho con la nota más alta posible. Su tesis de grado lleva por título *Los acuerdos internacionales para la resolución de los conflictos armados congoleños*, que demuestra su profunda aspiración a la paz. Cuando termina sus estudios, el Congo cierra la transición que siguió a las dos rebeliones y prepara la maquinaria que se encargará de elegir al nuevo jefe del Estado. El país vive un clima de gran exaltación, la gente siente que se dispone a vivir un acontecimiento decisivo para el país y para la paz. Nacen y se estructuran varios movimientos políticos para concurrir a la cita electoral. Floribert nunca había pasado inadvertido. Era conocido por su activismo, por su interés por los temas sociales. Ya había participado en las elecciones estudiantiles, en el mundo del asociacionismo; el Rassemblement Congolais pour la Démocratie se fija en él. Piensan en él para proponerle el cargo de secretario provincial juvenil. Floribert acepta.

Su padre lo desaprobaba por completo. Aun así, destaca que la decisión de su hijo buscaba únicamente la justicia:

Quería que hubiera justicia para todos. Esperaba que se pudieran cambiar las cosas, soñaba que él lo lograría. Me decía: «Papá, me gustaría vivir en una sociedad donde todos puedan vivir bien, donde no haya desigualdades ni injusticias». Le indignaba ver todas las injusticias del mundo. Yo le decía que era difícil, complicado. Por eso pensaba –y así se lo sugerí– que cuando se graduara podía seguir estudiando, quizás en otro país. Porque no solo es difícil cambiar las cosas, la cuestión es que intentar cambiarlas es peligroso. Al menos aquí.

Su padre continúa diciendo:

Yo quedé marcado por la muerte violenta de su abuelo, que fue por culpa de la política. No quería que mi hijo se enfrentara a aquellos mismos peligros. Pero Floribert insistía: «Mira, hay demasiada pobreza, hay que hacer algo. Hay demasiados males, demasiadas injusticias;

tengo que intentar hacer algo, también en política». Yo le decía que su idea podía funcionar en Europa, pero aquí, en un país como el Congo, la política solo sirve para terminar mal. Al final no me hizo caso y siguió su camino.

La oposición de Kositi Bazambala no disuade a Floribert de sus proyectos. Su sueño de justicia es más fuerte. El graduado en Derecho opta por la política. Pero debía tener una perspectiva original, sin demonizaciones, algo que no era habitual por aquel entonces. Estaba convencido –porque lo había aprendido en Sant'Egidio– que había que buscar lo que une, más allá de las diferencias, y no lo que lleva a la división y al enfrentamiento. No era esclavo de pertenecer a un grupo, de ser alguien «contra». Era un hombre libre.

Según la óptica política todo lleva a reducir los espacios de la reflexión, a condicionar el pensamiento y el comportamiento. Todo lleva a la contraposición, al enfrentamiento. Y si hay armas en circulación, el enfrentamiento es violento. En 2006 y 2007 Goma y sus alrededores son lugares temidos[1]. Se produce

---

[1] Cf el artículo «Contre l'insécurité pour plus de sécurité au Nord-Kivu et en RDC. Journée de réflexion organisée par Pole

un aumento de la inseguridad y la violencia crece exponencialmente. «Est de la RDC: Le crime banalisé» es el acertado título de una publicación[2] del Pole Institute[3], interesante y terrible, que describe la situación que vive el país dos años después del momento en el que nos encontramos. En 2007 se produce una desgarradora espiral de homicidios en Goma y la muerte de Floribert es una pincelada más de aquel cuadro.

«Le crime banalisé» destaca el cambio que supuso para la historia de Kivu la contienda electoral –primero presidencial, luego provincial– que tuvo lugar entre julio de 2006 y

---

Institute» que publica Prosper Hamuli el 20 de marzo de 2007 en la web del Pole Institute: «En Kivu Norte en general, y en la ciudad de Goma en particular, no pasa ni un día sin que haya noticias de agresiones o asesinatos. La seguridad parece haberse convertido en mercancía escasa y forma parte de la preocupación de todos. Afecta e interpela de improviso a todo el mundo. ¡La gente muere porque son civiles! ¡La gente muere porque no la protegen! La gente vive con miedo».

[2] *Regards Croisés*, nº 23.

[3] El Pole Institute, que se fundó en 1997, fue primero un centro de estudios, y posteriormente una ONG. Estaba muy implicado en la sociedad civil de Kivu Norte y creó varias publicaciones, como, por ejemplo, *Regards Croisés*. Tenía el objetivo de ser un espacio de debate y de intercambio de ideas que crease un rechazo a cualquier tipo de contraposición étnico-identitaria. En cuanto a su nombre, *pole* es una palabra suajili que indica implicarse emotiva y empáticamente frente a un obstáculo, un problema o una pérdida; es una palabra afable que se suele utilizar para consolar a alguien en un momento difícil y también expresa la esperanza de salir de dicho trance.

enero de 2007. La cuestión es que en 2006-2007 Goma ya no es la ciudad adormecida de la época mobutista. La capital de Kivu Norte se encontró de repente en medio de un nuevo, más extenso y rentable circuito de explotación y de intercambio, de transporte de materias primas y de comercialización de bienes de consumo. Toda la zona urbana ya no es la olvidada periferia de un país cuyo corazón late a cientos de kilómetros al suroeste, sino un centro fronterizo donde todo se compra y se vende. Por la ciudad circula mucho dinero, pero eso no significa el fin de la pobreza de muchos, sino el bienestar de unos pocos.

Goma es una *city of opportunities*[4], un lugar de «oportunidades» de frontera, de negocios asociados al paso de personas y de productos. Y luego, oportunidades de guerra y de paz, gracias a la presencia de las organizaciones internacionales y humanitarias, como la misma MONUC[5]. Todo aquello justifica el

---

[4] K. VLASSENROOT-K. BÜSCHER, *The city as frontier: urban development and identity processes in Goma*, para el Conflict Research Group, 2009, disponible en internet.
[5] La MONUC, la Misión de la Organización de las Naciones Unidas en la República Democrática del Congo, creada en noviembre de 1999 en el marco de los acuerdos que ponían fin a la segunda rebelión (rebautizada como MONUSCO en 2010), es la fuerza de observación y mantenimiento de la paz que gestiona directamente la ONU.

aumento de la intensidad de los enfrentamientos para hacer caer de la posición domi-
nante que ocupaban en la economía local a
quienes se habían apoltronado en ella durante
los años de la guerra[6].

Mientras tanto, en este periodo se produce una novedad en la vida de Floribert. Se
le presenta la ocasión de ocupar un cargo de
responsabilidad en un ámbito no secundario
de la administración estatal: el control de
aduanas. Junto con otros jóvenes de Goma,
a finales del verano del 2006, participa en un
curso organizado por la Oficina Congoleña
de Control (OCC), que tenía por objetivo
recomponer el personal de un servicio que
había entrado en crisis con la segunda rebelión, cuando el país se partió en dos. Una vez
finalizado el curso, habría una preselección
y un examen final. Al finalizar todo el proceso lo contratan a él y también a su amigo
Dominique.

La OCC es una agencia pública que se
ocupa de comprobar las cantidades de las
mercancías que llegan a la frontera del Congo
y de evaluar la conformidad de su calidad. La
principal tarea del organismo es controlar los

---

[6] Véase especialmente C. Braeckman, *Vers la deuxième
indépendance du Congo*, Le Cri, Bruselas 2008, 220.

productos alimentarios que se comercializan en el país[7]. El ojo que ocupa el centro de la O en el logotipo de la OCC simboliza la voluntad de la agencia de velar por la tutela de la población congoleña. Dominique es asignado a Matadi, mientras que Floribert se queda en Kinshasa, en las oficinas de la Dirección General. Su tarea es la de ocuparse –como lo será más adelante también en Goma– de las *avaries*, los productos alimentarios en mal estado o caducados.

Kinshasa es un destino que ambicionan muchos congoleños. Pero Dominique recuerda que Floribert no estaba a gusto en la capital. Había soñado con cambiar Goma y la añoraba. Cada vez sentía más nostalgia de la familia, de la Comunidad, de las personas a las que se sentía unido.

Dominique afirma:

Yo estaba perplejo. En Kivu reinaban la confusión y la violencia. Le aconsejaban que se quedara en Kinshasa. Pero cuando se le ponía algo en la cabeza, no era fácil hacerle cambiar de idea.

---

[7] www.occ-rdc.cd.

La reacción de su padre era previsible:

Le decía que lo pensara mejor, que aquí no había seguridad, que era una suerte que estuviera en Kinshasa, que siempre hay más oportunidades en la capital que en una provincia. ¡Pero no hubo nada que hacer! Y cuando llegó a casa y le hablé de los asesinatos, del caos, etc., me volvió a decir: «En Kinshasa no estaba a gusto, de verdad. No podía quedarme allí. Tengo que continuar lo que empecé. Ya veremos si las cosas pueden cambiar un poco».

Floribert pide el traslado a la oficina de la OCC de Goma. Y vuelve a Kivu sin miedo.

8
La dictadura del beneficio fácil y del tener

Al volver a Goma en abril de 2007 después de unos meses fuera, Floribert se alegra de poder recuperar el contacto con la gente. Va a vivir con un amigo suyo. Su padre esperaba que volviera a vivir con él, pero Floribert le explica: «Es más cómodo. Podría llegar tarde, y quisiera dedicarme a muchas cosas». Pero no todo empieza desde cero y la fidelidad es algo grande. Entonces va a buscar a Jonathan para devolverlo a su casa –como hemos visto–, cerrando así el paréntesis que significó vivir en la calle. Y después es cuando participa en el encuentro de Pascua de Sant'Egidio, que se celebraba por segundo año consecutivo en Bukavu, para congregar a las comunidades del este del país, que habían crecido en número y en dedicación. Es su última Pascua. Floribert pide que le expliquen lo que se ha hecho en un año, habla del servicio con sus hermanos y hermanas de la Comunidad y procura saludar a Francesco Tedeschi, que viene de Roma, y explicarle las novedades.

El trabajo en la OCC ocupa tiempo. El joven siente la responsabilidad de lo que le han encomendado: sabe que una parte de la vida, de la salud de la gente, está en sus manos. Floribert trabaja como inspector de productos en mal estado en la sede de la agencia, un palacete sito en el barrio de Les Volcans. Su trabajo consiste en intervenir si las partidas de alimentos que entran en el Congo provenientes de Ruanda a través de las *barrières* aduaneras no cumplen los requisitos mínimos para el consumo.

La OCC comprueba el peso reportado en las declaraciones de envío de los cargamentos de alimentos que entran en el país y hace un control de calidad de la mercancía, mientras los vehículos de transporte esperan en una zona de control. Si –como ocurre la mayoría de veces– las pruebas de laboratorio no indican ninguna irregularidad, la OCC emite un *certificat de vérification*, pero si no cumplen las condiciones que permiten su consumo, la oficina bloquea los cargamentos y emite un acta de no conformidad, un *certificat d'avaries*, que el importador podrá utilizar ante el proveedor o la aseguradora para resarcirse. No es habitual, pero ocurre. A veces por mala fe, pero también porque los productos, sobre todo si provienen de Asia, hacen un largo viaje antes de llegar a Kivu.

Entonces es cuando interviene el *Commissariat d'Avaries*, que, tras informar a la policía, a la Oficina de Higiene, a la Oficina Medioambiental y al Tribunal de Gran Instancia, procede a destruir los bienes incautados. Los agentes del *Commissariat* también deben dar fe de que la operación se lleva a cabo conforme a la ley. Para ello toman fotografías o graban la operación en vídeo, además de levantar acta de todo el proceso. Como se puede imaginar, el procedimiento es complejo. Más aún en un país que hace frente a una extensa corrupción. El Congo ocupa el lugar 162 de 180 en el índice de 2023 de percepción de corrupción de Transparency International[1].

La corrupción es un problema grave para el país. Para la Iglesia la cuestión es decisiva: «La corrupción no es (solo) un acto, sino

---

[1] Transparency International se puede consultar por internet: www.transparency.org. Cf también el *Étude pays. République Démocratique du Congo*, del 2007.

un estado, personal y social, en el que uno se acostumbra a vivir», escribió el entonces cardenal Bergoglio[2]; es una jaula que atrapa a todo el mundo, que devasta las relaciones profesionales y humanas. De ahí que sea necesario luchar contra aquella «avidez de dinero (que) es la raíz de todos los males»[3], contra la fascinación «de la dictadura del beneficio fácil y del tener», como afirma la Conferencia Episcopal Congoleña en un documento que publica[4]. Vemos aquí –con palabras no muy diferentes– la reflexión de la Comunidad de Sant'Egidio sobre la «dictadura del materialismo». Habla el padre Rutachogora, párroco del Saint-Esprit entre 1996 y 2001:

El sistema es corrupto, desde la cúpula. Hay gente que ha estudiado en las universidades de medio mundo para aprender a gestionar un país, y que, cuando llegan al gobierno de aquí,

---

[2] J. M. BERGOGLIO, *Guarire dalla corruzione*, Emi, Bolonia 2013, 33 (trad. esp., *Corrupción y pecado*, Claretianas, Madrid 2013).

[3] 1Tim 6,10.

[4] Mensaje de la CENCO por el 49 aniversario de la independencia nacional (10 de julio de 2009), titulado *La justice grandit une nation. La restauration de la Nation par la lutte contre la corruption*. Como se puede ver, está dedicado expresamente a este tema.

solo piensan en cómo construirse un chalet en Goma, una casa en Bélgica, etc. Además, la gente, los que pueden, hacen lo mismo. Los médicos piden dinero a los parientes de los enfermos para curarlos, los militares aumentan los gastos para tener más ingresos. Todo el sistema está podrido. «Hay que apañárselas –dicen–, la gente tiene que sobrevivir».

Floribert era creyente. Ya conocemos su pasión por la justicia y por los pobres. El dinero le interesaba lo justo y necesario. Lo gastaba a menudo para ayudar a los niños de la calle; también le había pagado los estudios a Jonathan. Según dijo Valentin, el hermano de Dominique, de quien hemos hablado, quería fundar una asociación de abogados para ayudar gratuitamente a todos aquellos que no pudieran pagarse un defensor. Dos meses antes de morir, le envió la mitad de su sueldo a Carine para que pudiera volver a Goma desde Kampala. Uno de sus amigos declaró:

La gente se desvive por el dinero, pero él no, en absoluto. Floribert no ganaba poco[5], y le aconsejé que ingresara algo en el banco. Pero él me decía que necesitaba el dinero. Lo daba a unos

[5] Unos quinientos dólares.

y a otros: a parientes, a amigos, a los pobres. Lo que dejó en este mundo no era dinero. Libros, más bien; y todas las cosas que nos dijo.

Y según declaró Fiston Sekimonyo, amigo suyo de muchos años, para él el dinero no era «nada», y destacaba que podía hacer que la gente fuera «ridícula».

El padre Célestin Sebihogo, párroco del Saint-Esprit entre 2001 y 2006 afirma lo mismo:

Lo veía muchas veces, era un joven religioso, devoto... Buscaba la perfección, quería sentir que hacía lo que hay que hacer, quería ser irreprensible. Por eso daba gran importancia a la ética profesional. Pero creo que su oposición al mal era fruto sobre todo de una pastoral que había desarrollado aquí, en la diócesis, con el paso del tiempo, del impulso que el obispo había dado a la predicación, de la insistencia en determinados temas. Y, evidentemente, hubo en él algo más, una visión profética, diría, y eso le venía de Sant'Egidio.

La decisión que tomó Floribert nace de un itinerario de discípulo. Este bagaje hizo de él un hombre fuerte no solo frente a la idolatría del dinero, sino también frente a las amenazas. Hombre de leyes, fue capaz de ir más allá de la ley, como dice, hablando de los cristianos, la *Carta a Diogneto*: «Obedecen las leyes establecidas, y con su vida superan las leyes»[6]. En la Biblia que llevaba consigo[7] –la Comunidad les pedía a todos que tuvieran su propia Biblia personal–, el joven marca un pasaje y escribe los versículos en una nota que guardaba entre las páginas:

La gente le preguntaba: «Entonces, ¿qué debemos hacer?». Él contestaba: «El que tenga dos túnicas, que comparta con el que no tiene; y el que tenga comida, haga lo mismo». Vinieron también a bautizarse unos publicanos y le preguntaron: «Maestro, ¿qué debemos hacer nosotros?». Él les contestó: «No exijáis más de lo establecido». Unos soldados igualmente le preguntaban: «Y nosotros, ¿qué debemos hacer?». Él les contestó: «No hagáis extorsión ni os aprovechéis de nadie con falsas denuncias, sino contentaos con la paga»[8].

---

[6] *Carta a Diogneto*, 5,10.
[7] O, como alternativa, llevaba encima un pequeño libro de los Evangelios. Jean-Jacques recordará que, cuando hallaron su cadáver, llevaba ese libro en uno de los bolsillos de sus pantalones.
[8] Lc 3,10-14.

Floribert sentía que estas palabras del Bautista, tan explícitas y tan adecuadas para el contexto que estamos describiendo, eran una orientación de gran valor para su vida. Todo aquel que en el Congo trabaja en la frontera sabe que corre el «peligro» de no contentarse con su sueldo. Cada día cruza la frontera una cantidad impresionante de mercancías –y de valor–. Una parte de los importadores intentan esquivar los controles y están dispuestos a pagar para lograrlo.

El organismo de control hace mucho para proteger a la población. Pero una mala costumbre de «adaptaciones» normativas, de ofertas, de presiones y de amenazas logra que buena parte de las mercancías, entre mordidas e intimidaciones, escapen al control de la OCC. Al menos en la Goma de 2007.

El neoinspector se va formando una imagen de esta situación a medida que su comportamiento escrupulosamente correcto choca con la resistencia de los afectados por la destrucción de los alimentos, que crean un clima insoportable. Se ve leyendo los borradores que el mismo Floribert escribió del acta de las tres destrucciones de productos en mal estado que había ordenado, sobre todo en la primera, una partida de azúcar mezclada con cristal:

Empezamos el [...] 1 de junio de 2007 [...]. Seguimos la carretera hacia el [...] lago Verde. Allí la Oficina de Higiene se negó a que los sumergiéramos porque, según dicen, la población utiliza aquella agua. El segundo lugar que nos propusieron [...] fue Kiguogote. Al llegar allí, la población, instigada por la empresa importadora, nos rodeó y nos amenazó con apoderarse de los sacos por la fuerza si empezábamos a destruirlos. Entonces [...] regresamos con los 180 sacos [...]. En cuanto al sábado 2 de junio de 2007 [...], los miembros de la Comisión [...] fueron hasta Nzulo [...]. De no haber sido por la presencia del Fiscal, que movilizó a los militares de la Fuerza Rural, la delegación habría tenido problemas para hacer su trabajo.

En junio de 2007 Floribert se encuentra a John Awazi, al que no veía desde hacía tiempo. Su amigo lo saluda afectuosamente y le dice: «¡Sé que haces cosas grandes!». Y él le contesta: «Sí, soy jefe de servicio en la OCC». A lo que Awazi comenta: «Es un trabajo delicado, especialmente aquí. Hay que ir con cuidado; seguro que recibes muchas presiones». El inspector de productos en mal estado explica:

Sí, muchas presiones. Pero no quiero ceder. Si no destruyera lo que es perjudicial para la salud de tanta gente, si aceptara los sobornos, sería como traicionar todo lo que he creído, sería como si aceptara la mía, mi destrucción. Yo sigo mi camino. Por ejemplo, he bloqueado grandes cantidades de arroz en mal estado. No puedo exponer a la población a ese peligro.

Si hubiera aceptado los sobornos, el joven habría perdido su alma y se habría dejado dominar por el dinero. ¿Y a cambio de qué? ¿De una vida más acomodada? Durante la Semana Santa de 2003, en el encuentro de Sant'Egidio de Mbare, Floribert había escuchado:

El amor por el dinero puede incluso llevar a traicionar a un justo como Jesús. Ahora el comportamiento de Judas, que traiciona por dinero (es) escandaloso. Pero preguntémonos una cosa: ¿no es normal que el dinero campe a sus anchas, que traicione y engañe, en nuestra sociedad?

Floribert sabe que no debe dejarse comprar. No creía en las habituales frases que cualquier sociedad aduce como justificación:

«Si no lo haces tú, lo hará otro», «No vas a ser tú el que arregle el país». Serio y radical, veía su decisión como una manera de cambiar la situación. Eso era para él el cristianismo, empezando por la amistad con los niños de la calle. Una familiar suya, Anita Kato Faida, recuerda que entre los compañeros del joven algunos le habían oído decir que rechazar una propuesta de corrupción cambiaría el mundo entero y lo salvaría. ¿Pero un solo *no* podía realmente cambiar una situación gangrenada?

Fuera como fuera, sabía que si decía *sí* algo malo les iba a pasar a los congoleños, su salud iba a verse amenazada, y él mismo se convertiría en esclavo del dinero. Quizás su *no* podía ayudar a enderezar a mucha gente que había quedado seducida por el espejismo del «beneficio fácil y del tener» y que sobre todo era prisionera del miedo. Por lo que a él respecta, no iba a traicionar su fe: quería ser libre, libre para cambiar el mundo.

9
¿Vivo para Cristo o no?

El *no* de Floribert a la corrupción se hace más fuerte al cabo de una o dos semanas, en los días fríos de aquel «invierno» austral de 2007. Parece que todo empezó con una llamada de teléfono. Un amigo suyo recuerda:

Un día estaba con Floribert –era un fin de semana, seguramente entre el 30 de junio y el 1 de julio, o el siguiente– y le sonó el teléfono. No habló mucho y, cuando colgó, le pregunté qué pasaba. Me dijo que era un comerciante de Gisenyi que le acababa de ofrecer 2.000 dólares.

Trésor explica:

Querían que dejara pasar una partida de alimentos en mal estado, que no la destruyeran. Primero le habían ofrecido 2.000 dólares. Él se negó. Entonces lo amenazaron. Pero él no cedió. Decía que nunca aceptaría dinero a cambio de la vida de nadie, porque si alguien comía aquellos alimentos en mal estado podría morir.

¿Quiénes eran los que querían sobornarle? No lo sabemos. Es probable que el intento de soborno se refiera a una de las dos partidas de arroz –posiblemente la segunda– de las que hay constancia gracias a los apuntes que se hallaron en su casa tras su muerte. Las partidas se destruyen en su presencia el viernes 29 de junio y el miércoles 4 de julio. Eran un total de 815 sacos. Si tenemos en cuenta que el arroz se comercializa en sacos de 25 kilos, había más de 20 toneladas de producto, que al precio del verano de 2007 habría tenido un valor de más de 22.000 dólares[1]. El asesinato del joven, por una parte, fue un acto de represión por su negativa y, por otra, fue una intimidación, para que otros no se negaran como él. Floribert había dado un «mal ejemplo» y no se debía repetir.

Lo que sí sabemos es que la semana que empezó el lunes 2 de julio fue casi agónica para Floribert. Lo había hablado incluso con Gisèle:

---

[1] Al parecer el arroz se vendía a 27,5 dólares el saco.

Unos días antes de que lo asesinaran, un miércoles –por tanto, el miércoles 4 de julio–, me dijo que le habían ofrecido dinero para que dejara pasar partidas de alimentos no comestibles. Me preguntó qué pensaba. Él no había querido aceptar aquel dinero. No habría sido justo. Aquellos alimentos podían hacer daño a la gente, podían poner en peligro la salud y la vida de las personas. Le dije que había hecho bien en negarse. Los alimentos en mal estado pueden ser causa de disentería, y aquí puede ser mortal.

Continúa Gisèle:

Lo vi de nuevo dos días más tarde, el viernes. Me tenía que dar algo para la fiesta del día siguiente. Y es que aquel sábado iba a celebrar mi ceremonia de graduación, con el juramento hipocrático[2], y luego habría un refrigerio. Cuando nos vimos, le noté extraño, bastante nervioso. Por eso el sábado, cuando terminó la ceremonia, intenté hablar con él por teléfono. El móvil sonaba una y otra vez, pero él no contestaba. Ya lo habían secuestrado, aunque nadie lo sabía... Lo hablé con sor Jeanne-Cécile poco tiempo después. Me explicó que

---

[2] Gisèle se graduó en Medicina.

Floribert había ido a verla unos días antes para decirle lo mismo que me había dicho a mí.

El testimonio de sor Jeanne-Cécile es muy significativo. Aquellos días Floribert se había sincerado mucho con ella, que era amiga suya desde hacía mucho tiempo y trabajaba como cirujana en el Hôpital de la Charité. Conviene repasar toda su narración:

El lunes 2 de julio Floribert vino a verme al hospital. Quería que visitara a dos niños de la calle que estaban enfermos, pero yo estaba en la sala de operaciones. Teníamos varias urgencias quirúrgicas y yo estaba sola... así que no podía irme de allí ni hablar con él. Pedí a quien estaba en la puerta que le dijera que podía dejar a los niños en la sala de espera, y que los visitaría en cuanto pudiera. Los dejó y se fue.

La hermana prosigue:

Pero aquella misma tarde me llamó al móvil. «Es urgente, es importante», dijo. Tenía que hablar conmigo de inmediato, reiteraba. Insistió mucho porque acababan de amenazarle por teléfono con llamadas provenientes de números desconocidos. En resumen, me dijo que se trataba de algo del trabajo, y me hizo una pregunta: «¿Representa un peligro para la vida de la gente autorizar la comercialización de productos alimentarios caducados?». Le dije que sí, que era un gran peligro. Dicho eso, le pedí que se explicara mejor. ¿Por qué aquella urgencia? Empezó a decirme que cierta gente había intentado sobornarlo para que no destruyera su mercancía. Que le habían empezado ofreciendo 1.000 dólares, luego más, hasta llegar a 3.000. Pero que él lo había rechazado porque, en cuanto cristiano, no podía aceptar poner en peligro la vida de la gente. Le dije que había hecho bien, que así no se había hecho cómplice del mal.

A continuación, sor Jeanne-Cécile reproduce palabras importantes de Floribert:

«El dinero desaparecerá rápido. En cambio, ¿qué habría sido de las personas que consumieran aquellos productos?». Y luego dijo: «Si hago todo esto (si acepto), ¿vivo en Cristo? ¿Vivo para Cristo? Como cristiano no puedo permitir que se sacrifique la vida de la gente. Es mejor morir antes que aceptar ese dinero». Así terminó. Quedamos que nos volveríamos a ver el sábado, el día 7, por la tarde, para seguir hablando. Pero, por desgracia, aquel sábado no logré terminar antes de las 15.00 h, y cuando le llamé al móvil no contestaba. Ya lo habían secuestrado[3].

Jeanne-Cécile, que conocía bien la experiencia de la Comunidad, da un testimonio de gran valor sobre el drama de Floribert y sobre las amenazas que recibió. Revela los pensamientos y los sentimientos que tenía el joven mientras vivía una prueba decisiva, su semana de pasión. El inspector de productos en mal estado estaba dispuesto a arriesgar su vida con tal de no ceder, con tal de no «poner en peligro la vida de la gente».

Esta voluntad interior es confirmada por otro conocido, que explica que vio a Floribert la víspera de su secuestro. Mientras estaba con él, el funcionario de la OCC recibió una llamada por teléfono de tono agresivo y con aires de ultimátum. Tanto es así que Floribert reaccionó con dureza en voz alta: *«Nyiye amuta nikaza!»*, «¡No me obligaréis a eso!», y colgó. Ante la cara interrogativa del otro, Floribert explicó que un comerciante insistía en encontrarse con él para que dejara pasar por

---

[3] Declaración jurada, marzo de 2015.

la frontera su mercancía en mal estado, pero que él no pensaba reunirse con el otro, ni siquiera a cambio de una cantidad de dinero, porque eso significaría poner en peligro la vida de la gente.

Floribert se preguntó por su fe: «¿Vivo en Cristo? ¿Vivo para Cristo?», «Es mejor morir antes que aceptar ese dinero», «¡No me obligaréis a eso!»[4]. Henri Mashagiro comprendió bien lo ocurrido y comentó que la reacción de Floribert no fue un posicionamiento contra la corrupción en sí misma, sino más bien una decisión en favor de la vida, una decisión en favor de todas las vidas que Floribert quería salvar incluso a costa de la suya. El 4 de julio, miércoles, a primera hora de la tarde, dos días después de haber hablado por teléfono con Jeanne-Cécile, dos días antes de la tormentosa llamada telefónica que recibió de unos desconocidos, el funcionario de la OCC está presente en la tercera y última destrucción de productos en mal estado: 415 sacos de arroz declarado no apto para el consumo.

Se abre para el joven un tiempo breve y sombrío, son horas de algo desconocido,

---

[4] E. Piacentini, *Il martirio nelle cause dei santi*, Ciudad del Vaticano 1979, 77-91.

horas de angustia: el viernes 6 de julio Gisèle nota que está nervioso; el mismo día otro amigo oye que discute con un «militar» y le advierte: «Floribert, vete con cuidado, que esto te puede costar caro». Él lo sabía. Había dicho: «Es mejor morir antes que aceptar ese dinero». Y era consciente de que aquella no era una frase vacía, sino una posibilidad real.

Floribert conocía el valor de la vida, la amaba. Había tocado con sus propias manos las heridas, la pobreza, el sufrimiento. Había estado al lado de los pobres. Y eso le había hecho comprender muchas cosas. Al joven miembro de la Comunidad de Sant'Egidio de Goma el encuentro con los pobres le había hecho ver la realidad tal como es. Haber estado cerca de la cruz de los pobres y no haber huido, haber intentado responder con la compasión y el consuelo lo habían cambiado. Precisamente en los encuentros pascuales de Sant'Egidio había oído hablar del Evangelio de este mundo, que propone el «sálvate a ti mismo»[5]. Es el Evangelio que le gritan todos a Jesús cuando está en la cruz, la última tentación de este mundo.

Floribert no esquiva su responsabilidad y no tiene como objetivo principal salvarse a sí

[5] Lc 23,35.37.39.

mismo, algo que pondría en peligro la vida y la salud de muchas personas que se habrían podido envenenar por aquellos cargamentos en mal estado. Él ama la vida, también su vida, una vida con los demás. Son horas de pasión para el joven de Goma.

10
Horas de pasión

Evidentemente, cuando pasa de todas las pasiones de aquellos años –el servicio a los pobres, la amistad, la política, la Comunidad, el trabajo, etc.– a la gran pasión de aquel momento, el joven está asustado. Su decisión de amar y de obedecer no borra el miedo, ni evita que quiera ahorrarse aquella prueba, si es posible. El funcionario de la OCC intenta zafarse del peligro que lo acecha. La llamada de teléfono a su amiga monja es su personal monte de los Olivos, el intento extremo de Floribert de pedir que «si era posible, se alejase de él aquella hora»[1]. De ahí que hiciera aquella pregunta a sor Jeanne-Cécile: esperaba no tener que beber necesariamente aquel «cáliz». Pero al oír la respuesta, al escuchar aquellas palabras que probablemente no

---

[1] Mc 14,35.

quería oír, cede a una voluntad que no es la suya. El joven, que no había querido vivir solo para él mismo, no moriría solo para él mismo.

En un enfrentamiento con la potencia manipuladora del dinero, parece que la única salida para Floribert sea la derrota. Aún más, que esté ya derrotado antes de empezar. Su resistencia se antoja un posicionamiento ingenuo, irrealista, destinado a ser aplastado en menos que canta un gallo. Pero el joven no es derrotado porque no se inclina ante el ídolo del dinero. No le ofrece un sacrificio, como al fin y al cabo habría sido más fácil.

Es lo que pasa siempre, pero de manera menos llamativa, claro. En cambio, frente a un mundo que cree en la buena noticia del dinero, en un tiempo que confía en su mágica promesa de felicidad, en su fuerza llamativa, Floribert vivió su fe y confió en el Señor. Resistió con toda su debilidad. Desconfió de un ídolo efímero, que pasa junto con el panorama del mundo[2]: «El dinero desaparecerá rápido», le dice a sor Jeanne-Cécile. Lo vive y lo dice en una Goma obsesionada por la posibilidad de lograr dinero fácil, de cualquier manera, lícita o ilícita. Unos meses después, Benedicto XVI dirá:

---

[2] Cf 1Cor 7,31.

Sobre la arena construye aquel que solo construye sobre las cosas visibles y tangibles, sobre el éxito, sobre la carrera, sobre el dinero. Aparentemente esas son las verdaderas realidades. Pero todo eso un día pasará. Lo vemos ahora en el colapso de los grandes bancos: ese dinero desaparece, no es nada. [...] Quien construye su vida sobre esta realidad [...], construye sobre la arena. Solo la Palabra de Dios es fundamento de toda la realidad, es estable como el cielo y más que el cielo, es la realidad[3].

Floribert, gracias a su pobre y pequeña fe, ve mejor y más lejos que una ciudad totalmente centrada en recoger las migajas que caen de un sinfín de negocios siniestros. Quizás también ve mejor que muchas personas a las que conoce bien y que aprecia, pero que alimentan la idolatría del dinero. La fe lo salva de perder el corazón detrás de lo que no vale, de sentarse «con gente falsa», con los «sanguinarios», cuya «derecha está llena de sobornos», de los que habla el Salmo 26.

Y aun así, aunque evita determinadas compañías, no puede impedir que la gente

---

[3] Palabras pronunciadas en la XII Asamblea General Ordinaria del Sínodo de los Obispos, *I Congregación general*, 6 de octubre de 2008.

sin escrúpulos de la que habla el salmista se cruce violentamente en su camino. Su rechazo, su fe, lo exponen a la violencia de los demás. Es el peligro que corre quien se distancia del mundo inhumano y trastocado de la Goma de 2007. Es el peligro de ser cordero –es decir, humano, manso, limpio– en un mundo de lobos[4]. Pero Floribert, a pesar del temor y de la fragilidad de sus 26 años, descubre en su interior una fuerza particular.

---

[4] Lc 10,3.

11
Julio de 2007

El sábado 7 de julio de 2007 es un día muy ocupado para Floribert. A primera hora de la tarde se casa su prima. Para su madre aquel acontecimiento es muy importante. También se celebra la fiesta de graduación de Gisèle. Floribert ha quedado con Henri para ir juntos después de la boda. Y Jeanne-Cécile le llama por teléfono cuando sale del hospital. Por último, una pequeña ceremonia, el ingreso al Rotaract, la sección juvenil del Rotary Club, que se dedica a proyectos culturales y sociales. Muchas cosas que hacer. Floribert pide a sus amigos que lo acompañen al centro para comprarse una corbata. Es un gesto pequeño, pero da muestra de cómo quiere vivir.

Pero aquel 7 de julio también es el día en el que lo secuestran. Sus amigos lo dejan delante de las dependencias del Ayuntamiento hacia las 12.30 h. Él entra en una tienda de ropa y sale quince minutos después con una corbata. A la salida lo están esperando y lo obligan a subir en un vehículo, probablemente sin matrícula. Sobre este punto, al igual que sobre otros, los distintos testigos no coinciden: algunos afirman que era un taxi, otros dicen que tenía los cristales tintados y, según otros, era un automóvil de las FARDC[1]. Sea como sea, Floribert ya no es libre. Por el camino, mientras se dirige a un destino desconocido, el vehículo se cruza con el antiguo chófer del gobernador de Kivu Norte, Bahati Manegabe, al que el funcionario de la OCC conoce bien y con el que intenta comunicarse con gestos para pedir ayuda.

Manegabe es el último –sin contar a los secuestradores y a los asesinos– que ve a Floribert con vida. Lo ve sentado en el asiento trasero, en medio de dos hombres. Comprende lo que intenta decirle Floribert, pero no puede hacer nada. Lo único que puede hacer es, después, dar la señal de alarma. Las vidas de Floribert y de Manegabe se rozan. Y tal vez terminan uniéndose en un mismo trágico destino. Da que pensar que el 14 de julio, una semana después de la desaparición

---

[1] Fuerzas Armadas de la República Democrática del Congo.

de Floribert, alguien que se hace pasar por coronel intente secuestrar al antiguo chófer, que sufre varias heridas. Tres meses después, el 11 o el 13 de octubre[2], un hombre uniformado asalta su casa y lo asesina. Manegabe había expresado su preocupación en varias ocasiones y había aludido al hecho de que sabía por qué intentaban acabar con él[3]. ¿El motivo era que había reconocido a los secuestradores de Floribert?

Volviendo a este último, a primera hora de la tarde del día 7 se difunde la noticia de que ha sido secuestrado. Sus padres le llaman por teléfono a los números que tiene. También lo intentan Gisèle y sor Jeanne-Cécile. La noticia llega rápidamente a oídos de sus amigos. Pero ya casi anochece y no se puede hacer mucho. La búsqueda queda aplazada hasta el día siguiente, 8 de julio.

---

[2] Las fuentes existentes (prensa e internet) no coinciden.

[3] Véase *Est de la RDC: Le crime banalisé*, *Regards Croisés*, nº 23, abril de 2009, 22-23: «Bahati Manegabe [...] había sobrevivido a un intento de secuestro el 14 de julio de 2007 hacia las 19.30 h, a la altura del Hôpital Général. Y como si eso no fuera suficiente, como si quien le acosaba tuviera que cumplir su misión a toda costa [...], fue asesinado dos meses después en su casa, el 13 de octubre de 2007. [...] En una entrevista que concedió al Pole Institute, Bahati había declarado que era consciente del peligro que corría, y había dado la impresión de saber perfectamente quién iba contra él. Incluso había intentado recurrir a la justicia, pero finalmente lo eliminaron, y sus asesinos siguen libres».

Es un domingo. Desde primera hora de la mañana familiares y amigos de Floribert se dispersan por una extensa zona, hasta la frontera con Ruanda. Solicitan a Radio Okapi que envíe avisos periódicamente para pedir a quien pueda tener información que llame por teléfono. La mañana del lunes 9 se movilizan también los compañeros de trabajo del desaparecido: algunos agentes de la OCC van a la Comisaría de policía para denunciar la desaparición del funcionario, pagan la gasolina para organizar la búsqueda y acompañan a los policías que patrullan por la ciudad.

Finalmente, hacia las 12.00 h, un motorista encuentra casualmente el cadáver de Floribert. Está echado en el suelo, en una zona sin cultivar, lejos de las viviendas, a varios cientos de metros del Hotel Karibu, en dirección a la Université Libre des Pays des Grands Lacs.

Una conocida, que por la tarde del domingo 8 había estado en el Karibu y había visto a varias personas moviéndose de manera sospechosa por los alrededores del hotel, afirmó tener motivos para creer que en aquellos momentos estaban decidiendo dónde abandonar el cuerpo del joven. También hay quien dice que, algo antes de las 5.00 h del lunes 9, el vigilante vio llegar un jeep del que bajó alguien, trajinó algo voluminoso y se fue. Al día siguiente, aquel mismo vigilante intuyó el motivo de aquella parada, y por miedo a que lo hubieran visto o a que lo pudieran identificar de alguna manera, no tardó en irse de Goma. Ese es el clima de terror que se vivía...

A la mínima autopsia que las circunstancias permiten hacer al cadáver, asiste también sor Jeanne-Cécile, que vuelve a ver a su amigo de un modo que no habría querido jamás. Estas son sus declaraciones: «Lo habían torturado brutalmente. Le habían arrancado los dientes, y se apreciaban quemaduras de una plancha en los genitales y en el resto del cuerpo». El joven había sido estrangulado y había muerto la noche del domingo al lunes, hacia el amanecer.

Los funerales de Floribert –que se celebraron en la parroquia dedicada a la beata Marie-Clémentine Anwarite al día siguiente, 10 de julio, y que ofició el padre Adeodatus Muhingi, pariente suyo– congregaron a mucha gente: sus familiares, sus amigos, la Comunidad de Sant'Egidio, las «pequeñas comunidades» parroquiales, la coral latina y mucha gente que había oído la noticia y se había sentido impactada. Al finalizar la misa, Gilbert Kalinda, de Sant'Egidio, lee la hermosa carta que el padre Francesco Tedeschi había enviado a la Comunidad de Goma el 9 de julio. A continuación, la procesión sale hacia el cementerio de Kanyamuhanga.

12
Testimonio hasta la sangre

Hasta ahora –a pesar de las dificultades que presenta cualquier reconstrucción histórico-biográfica– nos hemos movido por un terreno firme. Pero cuando se trata de indagar sobre las largas horas del secuestro del inspector de productos en mal estado, nos adentramos en territorio desconocido. No ha salido a la luz ningún documento, ningún testimonio que ilumine por completo el homicidio; tampoco se ha podido contar con el resultado de una investigación policial o judicial. Al igual que en varios crímenes producidos en Goma, sobre todo en el bienio 2006-2007, pero también antes y después, ni siquiera se abrieron diligencias. Nos vemos obligados, pues, a hacer hipótesis, a encajar fragmentos con el objetivo de acercarnos tanto como sea posible a los hechos que ocurrieron entre el mediodía del sábado 7 de julio y el amanecer del lunes 9 de julio de 2007.

¿Quién ordenó y ejecutó el asesinato? ¿Y con qué móvil? Para responder a esta última pregunta hay dos líneas de interpretación. La primera relaciona el homicidio con el rechazo de Floribert al intento de soborno. Sustentan esta interpretación varios testimonios, principalmente el de sor Jeanne-Cécile.

La segunda se mueve en el campo de la política. Determinados órganos de información más partidarios de uno u otro movimiento político insistieron en esta interpretación, sobre todo en caliente. Familiares y conocidos abonaron interpretaciones similares. Por ejemplo, según su padre, que estaba convencido de que la historia familiar se teñía cíclicamente de luto por motivos políticos, lo que le había ocurrido al abuelo se repetía con el nieto: «Estoy convencido de que la muerte de mi hijo ha sido un homicidio político»[1].

---

[1] Véase «Est de la RDC: Le crime banalisé», *Regards Croisés*, nº 23, abril de 2009: «Al terminar sus estudios, en 2006, lo contrató la OCC de Kinshasa. Era su primer empleo, pero su corazón latía con la política. Decía que iba a hacer política, como su abuelo, aunque fue precisamente la política lo que se llevó a mi padre. [...] Cuando pidió el traslado para trabajar a Goma me opuse, pero él me dijo que quería estar cerca de su familia y de los amigos que tenía en la ciudad. Yo le decía que me preocupaba que estuviera en Goma, por su pasado político en el RCD, porque todos los que habían militado en aquel partido eran mal vistos y se les consideraba ruandófonos. [...] Lo puse [...] en guardia. [...] Evidentemente, presenté una denuncia a la Fiscalía General de Goma. El caso estaba en manos de

Muchos otros –en mucha mayor cantidad– que habían conocido bien al funcionario de la OCC, cada vez estaban más convencidos de que la línea de interpretación que más se acercaba a la realidad era la primera, a saber, que el móvil del homicidio era la decisión de Floribert de rechazar el soborno. Entre las decenas de declaraciones que se tomaron durante la fase diocesana de la causa de beatificación, una clara mayoría se decantaba por asociar directamente el asesinato con la corrupción. Por otra parte, Trésor afirma que «con su muerte nos dimos realmente cuenta de lo distinto que era Floribert de los demás».

Ocurre muchas veces. La muerte arroja luz sobre una vida que quizás no se había comprendido en la normalidad del día a día. A partir de aquellos días de julio de 2007 se empieza a comprender por completo la calidad humana y espiritual de Floribert. El padre Karamba, deán del Saint-Esprit, es explícito:

---

un magistrado. Me dijeron que había recibido presiones para que todo se archivara. No se abrió ninguna investigación, y los amigos de mi hijo nunca fueron interrogados ni declararon como testigos. Me dirigí a la sección de Derechos Humanos de la MONUC, que prometió ocuparse del caso, pero no tengo esperanzas. Ya sé qué tipo de justicia hay en vigor en el Congo».

Bwana Chui se negó a dejar que pasaran alimentos que habrían podido envenenar a mucha gente. Entonces orquestaron el golpe contra él: primero intentaron sobornarle y luego lo atacaron. Era un joven que lo vivía todo con pasión; prefirió la muerte con tal de no cargar con la responsabilidad de un delito. Por eso puede ser un ejemplo para quien no quiere dejarse contaminar. Su asesinato provocó dolor y consternación. La gente se sentía desolada. ¡Pidieron muchas misas en memoria suya!

Y monseñor Ngabu afirma:

Por lo que sé, Floribert fue un creyente que sintió una verdadera hambre de justicia. Se preocupaba por lo que habría podido y habría debido hacer para perseguirla, para lograrla. Sin duda, murió por su honestidad, por su rectitud profesional. En ese sentido aquí puede ser un modelo de comportamiento. Por desgracia, en el Congo hay mucha miseria, y al final uno cede ante muchas cosas. Es difícil resistir. Uno dice: «Bueno, todos lo hacen». Pero en Floribert veo a alguien que supo conservar su libertad en una situación extremadamente difícil. Lo que vivió fue una manera fuerte de vivir la vida cristiana. Vivió como alguien fuerte.

Un joven de veintiséis años, que estaba dando sus primeros pasos en la vida profesional, de aspecto frágil, vivió y murió como alguien fuerte. Su martirio revela la particular «fuerza débil» de los cristianos.

No lo sabremos todo del «caso Bwana Chui». Pero en lo importante hemos llegado al *quid* de la cuestión. Estamos ante una muerte totalmente oportuna para los señores de la corrupción, conveniente para sus planes de intimidación y venganza. Estaban seguros de que quedarían impunes de aquel acto violento. ¿Por qué no dar un «ejemplo»? Pasados unos años, ¿quién iba a acordarse de aquel joven testarudo?

Pero «mucho le cuesta al Señor la muerte de sus fieles»[2]. El papa Francisco y la Iglesia han reconocido la integridad y la fuerza del joven, la grandeza de su testimonio: Floribert es un mártir. Y actualmente, en la frontera –así se ha puesto de manifiesto con los testigos del proceso de beatificación–, cuando alguien habla de actuar correctamente y de luchar contra la corrupción se dice que es un «Bwana Chui».

---

[2] Sal 116,15.

El ramificado sistema de inteligencia estadounidense había registrado aquella muerte. Un documento confidencial del 10 de julio de 2007[3], que WikiLeaks publicó, resumía el *status quaestionis* del delito contra Bwana Chui, dando noticia de su asesinato:

El trabajo de Chui en la OCC consistía en controlar la calidad de los alimentos de importación. Ngezayo nos explicó que a menudo las empresas de importación, tanto congoleñas como extranjeras, compran cargamentos de alimentos ya «caducados» [...] por un precio insignificante respecto al que deberían pagar si no se hubiera superado la fecha de caducidad, y luego los revenden en Goma. Ngezayo apuntaba a la hipótesis de que el homicidio de Chui estaba asociado a su trabajo. Justo antes de su muerte, Chui ordenó destruir ochenta toneladas de arroz de importación, que él mismo había certificado como no apto para el consumo humano. El funcionario de la MONUC dijo que es prematuro extraer conclusiones, pero admitió que Chui podría haberse creado enemigos en el trabajo. [...] Según la MONUC, Chui había participado

---

[3] El documento está catalogado como 07KINSHASA782, asunto: *Another high profile killing in North Kivu.*

en las elecciones como militante del RCD. No obstante, recientemente había vivido en Kinshasa y no se había implicado especialmente en política. Aunque el móvil de su asesinato sigue siendo una incógnita, la información periodística que lo tilda de «antiguo líder rebelde congoleño» es totalmente infundada. Chui todavía no tenía treinta años y no era más que un político de segunda línea de provincia.

Da la impresión de que el anónimo informador de los estadounidenses, que intentaba no quedarse en la superficie de las cosas, acertaba la verdad de los hechos mejor que los demás.

El joven funcionario fue asesinado porque dijo *no* a una práctica consolidada y, al hacerlo, puso en peligro la maquinaria bien engrasada que daba beneficios fáciles y rápidos. Al resistirse a propuestas de sobornos y a amenazas, se había transformado en un peligroso modelo de conciencia cívica, un verdadero desafío al poder del dinero y de la violencia.

Quedó claro que con el ataque al joven se buscaba algo más: lo que estaba en juego en el «caso» Floribert era tan grande que justificaba tanto el ensañamiento contra él como la muerte de Bahati Manegabe. Y no solo aquella. El fotógrafo Patrick Kikuku también fue asesinado por motivos que habría que asociar al homicidio del funcionario de la OCC. En resumen, había que cortar de raíz y de manera contundente los primeros indicios de resistencia a los señores de la corrupción en la frontera.

Kikuku fue asesinado el 9 de agosto de 2007, un mes exacto después del homicidio de Floribert. También él, al igual que Manegabe, a manos de militares. Como denunciaba el Observatoire de la Liberté de la Presse en Afrique en un comunicado[4], «de la escena del crimen los asesinos solo se llevaron su equipo profesional, y dejaron el dinero y el móvil que el asesinado llevaba encima [...]. Querían quedarse con la máquina fotográfica que contenía imágenes comprometedoras sobre el asesinato de un joven funcionario de la Oficina Congoleña de Control llamado Bwana Chui». Sobre dichas fotos escribe una publicación dedicada a «La liberté de la presse en Afrique centrale»[5]:

---

[4] Publicado el 9 de agosto de 2010 en www.societecivile.cd.
[5] Organisation des medias d'Afrique centrale, «Rapport 2007», disponible en internet.

Un testigo del delito, no identificado, declaró haber oído que el asesino ordenaba al fotógrafo que le entregara las fotografías tomadas en el funeral de Floribert Bwana Chui bin Kositi [...], funcionario de la Oficina Congoleña de Control, cuyo cuerpo fue hallado sin vida el 9 de julio de 2007.

¿Qué se veía en aquellas fotos? ¿Alguno de los asesinos había asistido al funeral? Hay que tener en cuenta que Kikuku era un fotógrafo que trabajaba para la prensa local, que conocía a mucha gente y que había colaborado con el mismo Floribert documentando –como establece el protocolo de la OCC– la destrucción de productos alimentarios entre junio y julio de 2007; Kikuku habría podido saber algo del afectado directamente.

Sea como sea, pone los pelos de punta. Es evidente que otros destinos se cruzaron con el trágico final del joven funcionario y fueron atajados para que reinara el silencio, dejando por el camino una orgía de sangre que da muestra de la extensión y de la ramificación de tramas y alianzas oscuras construidas en torno al dinero y solidificadas por una absoluta falta de escrúpulos. La vida de Floribert Bwana Chui debería haber quedado relegada al silencio y su historia debería haberse esfumado en medio de las numerosas muertes anónimas y violentas de aquella zona del planeta.

Si el motivo principal del homicidio de Floribert es su *no* a la corrupción, ese mismo motivo posiblemente se fraguó con decisiones adoptadas en distintos entornos, no solo comerciales, con objetivos perseguidos por poderes más fuertes y acostumbrados a actuar con impunidad, que seguramente tomaron la decisión de gestionar personalmente una situación potencialmente desestabilizadora. Teniendo en cuenta que hubo soldados en cada uno de los delitos que se han recordado, dichos poderes fuertes debieron ser militares, políticos o los dos a la vez. Gisèle, por otra parte, comentó: «Intereses económicos, rivalidades políticas... aquí en el Congo esas esferas suelen sobreponerse hasta el punto de coincidir».

En un contexto así, en el que la vida no vale nada, en el que se cometen actos delictivos al amparo de la impunidad y con todo tipo de atrocidades, no debe excluirse que algún miembro del aparato político y militar, tal vez «desviado», quisiera dejar claro a todos «quién manda».

Georges Shanyungu Sadiki y Jean-Marie Vianney Kazunguzibwa Nyenyezi, profesores del Departamento de Historia y Ciencias Sociales del Instituto Superior de Ciencias Pedagógicas de Bukavu, que recibieron el encargo de la Comisión Histórica y de Archivo, creada por la diócesis de Goma, de redactar una historia de la vida y la muerte de Floribert, escribieron que un amigo del funcionario de la OCC recordaba que el joven había recibido «amenazas telefónicas de ciertas autoridades provinciales porque no había autorizado la entrada de productos alimentarios en mal estado»; y, al final, «le dijeron: *Utaona!*», en suajili, que significa "¡Ya verás (lo que te pasa)!")».

Nos encontramos ante un pacto delictivo, no formalizado e inconfesable, por el que un grupo heterogéneo de «peces gordos» se saltan las leyes civiles y religiosas que haga falta con tal de acumular influencias y riqueza. Es un escenario descaradamente mafioso. Cualquier organización criminal se esfuerza por detectar eventuales señales de resistencia sobre el terreno para ponerlas en el punto de mira y silenciarlas, ya que ve en la fuerza moral de sus oponentes una funesta amenaza para el control que ejerce sobre la mentalidad colectiva.

En esa dirección va el análisis que hace el padre Rigobert Minani Bihuzo, jesuita, gran conocedor de la realidad congoleña y de la región de los Grandes Lagos. El religioso expuso su parecer a quien recopilaba información sobre el posible martirio del inspector de productos en mal estado por cuenta de la Iglesia de Goma. El padre Minani cree que Floribert, con un acto valiente, quiso reivindicar su libertad en el marco de un sistema «bloqueado», en el que no se permitía una revuelta de la conciencia. Pues bien, sigue diciendo el jesuita, un posicionamiento de ese calado no podía atribuirse solo a un compromiso civil o político; atañía más bien a la esfera de la fe. Existe un parecido entre el homicidio del funcionario de la OCC y los demás delitos que el crimen organizado perpetró en Goma en aquel periodo, pero en la oposición y en la muerte de Floribert hay algo más, algo que la diferencia.

Hay algo que impide comprender plenamente la historia que estamos analizando si no tenemos en cuenta la «fe» de Floribert. El joven miembro de Sant'Egidio tuvo la valentía de liberarse de las cadenas de la idolatría del dinero, del mecanismo de la corrupción, por el que todo el mundo es culpable, corruptor y corrupto, y, a la vez, nadie es culpable; y eso era algo intolerable. Había empezado con el servicio a los niños de la calle –algo que puede parecer de poca entidad o marginal–, y aquel servicio fue el inicio de su rescate del poder de la corrupción.

Trésor declarará:

Algunos de los que trabajaban con él no solo estaban dispuestos a aceptar dinero, sino que era como si ya sintieran que lo tenían en el bolsillo. Pero él se opuso a aquello, lo paró todo. Creo que aquello creó un ambiente tenso en la oficina.

Y Deogratias Kositi afirmaba que «unos jefes» hicieron saber a quien intentaba sobornarlo: «Nosotros estaríamos de acuerdo, pero él (Floribert) es complicado. Si lo convencéis, perfecto, por nosotros no habrá problemas».

El inspector de productos en mal estado es «complicado», no atiende a razones. Su discrepancia molesta. Es la molestia de la que habla el papa Francisco en una audiencia que ya hemos recordado:

Esta palabra, «molestia», es clave, porque el testimonio cristiano [...] molesta a los que tienen una mentalidad mundana. Lo viven como un reproche. Cuando aparece la santidad y emerge la vida de los hijos de Dios, en esa belleza hay algo incómodo que llama a adoptar una postura: o dejarse cuestionar y abrirse a la bondad o rechazar esa luz y endurecer el corazón, hasta el punto de la oposición y el ensañamiento[6].

Es exactamente lo que ocurre entre junio y julio de 2007. Floribert es el ejemplo vivo de que otro tipo de actitud es posible. Hasta en el Congo, hasta en Goma. Es la muestra concreta que desmiente que la corrupción sea inevitable, que haya que doblegarse a la mentalidad mezquina del interés personal. Dice Pierre Salumu que su amigo «había enseñado al mundo que todo puede cambiar, también en nuestro país, donde la corrupción campa a sus anchas; que también un congoleño puede rechazar la corrupción». Por eso a ojos de los comerciantes que ven cómo se les complica el negocio, a ojos de los funcionarios que no tienen intención de renunciar a «complementos» salariales, el joven se convierte en alguien al que hay que sacrificar.

Aquellos días va creciendo el odio, la aversión hacia el joven. Aumenta a medida que

---

[6] *Audiencia*, 29 de abril de 2020.

el inspector de productos en mal estado dice *no* a 1.000 dólares, luego a 2.000, y luego a 3.000. La incredulidad, la rabia y la indignación alimentan aquella aversión y aquel odio, que estallan con la violencia brutal de la tortura con la plancha y con lo que se inventan los verdugos. La aversión y el odio habrían sido primero intimidación y luego condena a muerte para quien no se había vendido y no había vendido a nadie, para quien estaba dispuesto a morir con tal de vivir el Evangelio.

Después de su muerte quisieron contaminar la imagen del joven mártir. La desorientación pronto se transforma en encubrimiento. Si no hay elementos para señalar a uno o varios culpables del homicidio, ¿no será porque el sistema político-comercial-militar ha ocultado pruebas y ha acabado con testigos?, ¿porque alguien ha vetado las investigaciones policiales?, ¿o porque alguien ha suspendido la petición del fiscal general al Tribunal de Apelación de Kivu Norte para obtener el listado de llamadas del joven funcionario de la OCC[7]?

Alguien no estaba dispuesto a aceptar que los escrúpulos «religiosos» de un funciona-

---

[7] Cf el «Rapport de la Commission d'enquête historique et archivistique sur la vie de Floribert Bwana Chui».

rio estatal de segunda línea fueran un obstáculo para un plan criminal que prometía poder y dinero. Esta crónica turbia, bárbara, deseosa de aniquilar a quien se obstinaba en poner palos en las ruedas, al único que había decidido no doblegarse, cuando ya todos se habían inclinado, refleja toda una manera de pensar.

Está escrito en el libro de la Sabiduría: «Acechemos al justo, que nos resulta fastidioso: se opone a nuestro modo de actuar, nos reprocha las faltas contra la ley y nos reprende contra la educación recibida»[8]. Esa es la tragedia de aquellos días. La historia de Floribert, su simpatía, su compromiso, su rectitud, sus ideales, su fe ya no valen para nada. Al contrario, juegan en su contra. El joven era conocido en Goma. Su libertad de juicio y de acción eran de dominio público. Quitarlo de en medio, y hacerlo de manera atroz y memorable a ojos de todos, no era una mala idea. Después de aquello, ¿quién se atrevería a levantar la cabeza, a tener escrúpulos, a oponerse a lo que ya está decidido?

---

[8] Sab 2,12.

13
Los pasos de una África nueva

El padre Francesco Occhetta escribe una reseña en *La Civiltà Cattolica*, revista de los jesuitas, sobre la primera edición de la biografía de Floribert, publicada en 2014. Afirma:

La de Floribert Bwana Chui [...] es la historia de un hombre asesinado por no ceder a la corrupción. Conocer dicha historia ayuda a entender las nuevas formas de martirio: se trata de un sacrificio silencioso y alejado de los focos de los medios de comunicación, pero que hace tambalear la vida social y política de aquellos países donde la corrupción se ha convertido en la norma[1].

Es así. El *no* que pronuncia el protagonista de estas páginas no es fácil o habitual

---

[1] F. OCCHETTA, «La corruzione che uccide. La storia di Floribert Bwana Chui», *La Civiltà Cattolica*, 2017, II, 76-80.

en la República Democrática del Congo. En muchos lugares del mundo es normal sacar tajada, obtener el máximo beneficio posible del pequeño poder que uno ostenta. Saber que el riesgo es mínimo, tener que cubrir necesidades propias o familiares y el espejismo de un enriquecimiento fácil allanan el camino de la corrupción. Floribert saca a relucir la inhumanidad de una práctica aparentemente incruenta que en realidad chorrea la sangre de los pobres y de los justos.

En Nairobi, durante su primer viaje apostólico a África, el papa Francisco, contestando a la pregunta que le había hecho una joven («¿Se puede justificar la corrupción alegando que todos son corruptos?»), reflexionaba:

La corrupción es algo que entra dentro de nosotros. Es como el azúcar: es dulce, nos gusta. ¿Y después? ¡Terminamos mal! ¡Nos volvemos diabéticos nosotros y nuestro país! Cada vez que aceptamos un soborno, destruimos nuestro corazón y nuestra patria. Por favor, no le cojan el gusto a este «azúcar» que se llama corrupción. «Pero padre, yo veo que hay mucha gente corrupta...». Como en todo, hay que empezar: ¡si no quieres corrupción, empieza tú mismo, ahora! Si no empiezas tú, tampoco empezará tu vecino. La corrupción está en el corazón de muchos hombres y mujeres que se sienten heridos por tu ejemplo. Está en la falta del bien que habrías podido hacer y no has hecho. Está en los niños enfermos, hambrientos, porque el dinero que tenía que ser para ellos te lo has quedado tú. Chicos, chicas, la corrupción no es un camino de vida, ¡es un camino de muerte!

Son palabras que Bergoglio pronuncia el 27 de noviembre de 2015. Unos diez años antes un joven congoleño había empezado, él personalmente, a decir *no* a la corrupción –«Si no empiezas tú, tampoco empezará tu vecino»–, y terminó haciendo frente a la tortura y a la muerte. No aceptó que el «azúcar» del dinero destruyera su corazón y envenenara el alma de su país. Su objetivo era el bien y la salud de la gente, y no su interés. Había elegido un «camino de vida» y no «de muerte».

En la vida de un funcionario público, de un laico que todavía no contaba treinta años, escuchar el Evangelio y amar a los pobres se habían traducido en una decisión que iba contra corriente, en un ejemplo de libertad y de integridad, en algo que anima a resistir, que abre la confianza en un mundo mejor, menos esclavo del dinero, más libre, más justo, más humano. Esa es la grandeza de Floribert. Es distinta de la que había imaginado para su futuro. Pero era real, y más duradera de cuanto cabía pensar en julio de 2007.

Libre de la triste lógica del interés, del *do ut des*, del mercado, el joven miembro de Sant'Egidio de Goma se presentó al Congo, a África y a todo el mundo como un hombre humano y grande: «El que [...] sacude la mano rechazando el soborno y tapa su oído a propuestas sanguinarias, el que cierra los ojos para no ver la maldad: ese habitará en lo alto», dice el profeta Isaías[2]. Es bien conocido el comentario de Juan Pablo II, cuando era arzobispo de Cracovia, sobre la beatificación de Maximiliano Kolbe, el franciscano polaco que fue asesinado en el campo de concentración nazi de Auschwitz en 1941: «¡Murió un hombre, pero la humanidad se salvó!»[3]. Los mártires siempre han representado una presencia humanizadora en contextos inhumanos.

Floribert amplió el espacio de lo humano en un mundo árido y despiadado, en el África

---

[2] Is 33,15-16.
[3] Juan Pablo II, *Segno di contraddizione*, Milán 1977, 61 (trad. esp., *Signo de contradicción*, Cristiandad, Madrid 2013).

de los conflictos étnicos y de un mercado sin reglas. Su resistencia fue la revuelta de una conciencia íntegra contra la dictadura del materialismo, del beneficio fácil, de una economía sin rostro. En resumen, significó el desquite del hombre sobre el dinero.

Él luchó por un Congo, por una África, donde la vida, el trabajo y el destino de muchos no estuvieran a merced de la codicia y del mal. Y ganó, porque no se plegó al pecado, al dinero y a la violencia. La historia de Floribert lleva a creer que es posible un Congo más amigo de la vida que del dinero; lleva a creer en una África donde la vida humana ya no se compra y se vende como si nada; lleva a creer en un mundo en el que un joven, solo con sus manos, puede resistir al mal. *«Haya ndiyo maisha»* («Esto sí que es vida»), reza en suajili un cartel publicitario que se puede ver por las calles de una gran metrópolis africana. El anuncio recomienda una marca de cigarrillos y muestra a un satisfecho exponente de la nueva clase media urbana del continente. Pero la vida no consiste en acumular o en consumir. Eso es lo que nos recuerda un agente aduanero en una de las muchas fronteras de nuestro mundo. Es un mensaje más verdadero y más profundo que un anuncio banal y engañoso. La vida consiste en decidir y en gastarse por los demás. En cualquier frontera.

Volvamos a las palabras del padre Emmanuel Rutachogora, que insistía en la actualidad y en el valor del testimonio de Floribert:

Yo aún no había nacido cuando asesinaron a la beata Anwarite. Era un tiempo en el que la gente vivía bajo el yugo de la violencia, sin perspectivas. Y entonces aparece una monja que resiste, que dice: «No, yo me niego a hacer lo que querríais que hiciera, porque va contra mi condición de religiosa». Creo que fue algo muy significativo, y ella se convirtió en un símbolo para todo el país. Ahora Floribert también podría ser una figura de referencia, y muy oportuna.

El país está podrido, es corrupto. Necesita una historia. Hacen falta una memoria y unos signos comunes. Como en Europa, donde todo habla de lo que ha hecho la Iglesia: «Aquí el párroco X construyó el hospital cuando había la peste». Y toda la gente de aquel pueblo o de aquella ciudad lo bendicen. Aquí nos falta eso. Y sería útil, porque cosas así muestran el bien, la fuerza del bien. Por eso el ejemplo de Floribert sería importante: alguien capaz de mostrar el bien. Porque dijo *no* a la corrupción en nombre de su fe, de nuestra fe. Así pues, la gente podrá decir: «Si él resistió, ¿por qué nosotros no?». En eso consiste la santidad: alguien que inspira a los demás.

Aquí todos están bautizados. ¿Y después? La gente alberga codicia en el corazón, está dispuesta a hacer lo que sea para ganar dinero. Y si de verdad queremos evangelizar el país tenemos que afrontar este problema. Es un desafío también en otros lugares, pero aquí es básicamente una evangelización en profundidad. Aquí, por desgracia, hay una separación entre la vida espiritual y la vida de cada día. La gente es cristiana en la iglesia, va a misa el domingo, pero luego se olvida de serlo en el trabajo, en el camino de cada día. Pero llega alguien como Floribert, que sufrió precisamente por querer colmar ese vacío, por haber unido aquellos dos mundos. El suyo no fue un Credo proclamado en la iglesia sino un Credo vivido en el lugar de trabajo: sacó de la iglesia sus convicciones y su profesión de fe y las llevó al trabajo.

Eran desafíos complejos, exigentes. Para la Iglesia congoleña, para todas las Iglesias africanas. Gran parte de la respuesta a esos desafíos viene del testimonio de los mártires. Ellos son la semilla de una nueva humanidad. En cualquier época, los mártires muestran la forma que asume el mal en aquel momento particular, en aquel contexto determinado. Pero juntos sugieren nuevas perspectivas sociales y culturales, nuevos horizontes mentales y existenciales y así ofrecen una vía de salida. Al igual que Isidoro Bakanja, Marie-Clémentine Anwarite Nengapeta o los mártires javerianos de Kivu Sur, también Floribert habla al corazón sufriente del Congo. Y propone una vía de salida.

Los mártires son piedras de tropiezo a lo largo de una historia. Obligan a aquella misma historia a remodelarse. Su cuerpo, que yace atravesado en el camino de siempre, obliga a desviarse. Del mismo modo que Bakanja vivió en el Congo de la opresión y de la explotación coloniales y respondió poniendo la fe y el perdón por delante de todo; del mismo modo que Anwarite y los mártires de Kivu Sur conocieron la tragedia de las guerras civiles congoleñas y abogaron, una por hacer un llamamiento a la conciencia y a la oración, y los otros por el valor de la dedicación y de la fidelidad; también Floribert Bwana Chui compartió la nueva fase del

Congo, la de la ruptura étnico-identitaria y la de un mercadismo exasperado, y nos dejó un legado: la resistencia, la gratuidad, la integridad, la fe, la predilección del amor por la gente de un laico como muchos otros.

Judit, al término de una historia en la que vence al arrogante con su fragilidad, canta: «Es grande quien teme al Señor»[4]. Floribert, a pesar de su juventud, tiene una grandeza: la grandeza de haber temido siempre a Dios.

---

[4] Jdt 16,16.

14
Floribert, una luz de bien

Sant'Egidio captó rápidamente la grandeza de la figura de Floribert. Por eso decidió recordarle en todas las Comunidades, ponerle su nombre a la escuela para niños del campo de refugiados de Mugunga, cerca de Goma, y al centro DREAM[1] para enfermos de sida que se inauguró en Kinshasa, en el barrio de Bibwa, el 8 de julio de 2011, cuatro años después de su muerte. Ambos centros están

---

[1] DREAM (antiguamente Drug Resource Enhancement against AIDS and Malnutrition, y ahora Disease Relief through Excellent and Advanced Means) es un programa que Sant'Egidio creó para combatir y curar la infección de VIH y que se amplió para tratar otras patologías en sus centros de salud. Vio la luz en febrero de 2002 en Mozambique y posteriormente se extendió por Malaui, Tanzania, Kenia, la República de Guinea, Nigeria, la República Democrática del Congo, Camerún, la República Centroafricana y Esuatini. DREAM ha querido luchar contra la epidemia de sida en África sin minimalismos ni «afropesimismos» y ha ratificado el derecho de todo el mundo a recibir tratamiento, combinando, también al sur del Sáhara, la prevención y la terapia farmacológica y utilizando los criterios diagnósticos occidentales.

a cargo de la Comunidad y son lugares de atención y cuidado para los enfermos y los necesitados, espacios de gratuidad en un contexto donde los servicios educativos y sanitarios son escasos y de pago. Tanto la escuela de Mugunga como el centro de Bibwa se caracterizan por la gratuidad y así rompen la cadena por la que todo se paga, se compra y se vende.

El camino y la visión del protagonista de estas páginas ya son un referente imprescindible en la conciencia de Sant'Egidio por todo el mundo. Pero su recuerdo no es simplemente el emotivo homenaje a un hermano al que unos trágicos acontecimientos se llevaron por delante. Tampoco es solo el tributo a un adalid de humanidad en un mundo inhumano, o de integridad en un tiempo esclavo del interés personal. Es algo más. Es mirar a alguien que, en nombre de la fidelidad a Jesús, llegó a poner su vida en peligro para que otros pudieran vivir. ¡Este es su martirio! Sor Jeanne-Cécile declaró: «Bwana Chui es un mártir. Murió a causa de la lucha que emprendió contra la corrupción».

Desde 2008 la Biblia que el joven compró dos años antes de su asesinato, y que es prenda de justicia e integridad, se conserva en la basílica de San Bartolomé de la Isla, la iglesia de Roma que por voluntad de Juan Pablo II se ha convertido en memorial de los nuevos mártires de los siglos XX y XXI. La basílica, con su memorial-museo anexo[2], entre reliquias y otros objetos de recuerdo provenientes de todo el mundo, conserva el Libro sobre el que el joven tan a menudo se inclinaba.

El joven Floribert conocía bien el gran icono de los nuevos mártires que destaca al fondo de San Bartolomé, sobre el altar, porque tuvo una reproducción de la pintura hasta que se la dio a Adèle Kishabaga, de la Comunidad de Goma. En el reverso de la estampa, que Adèle todavía conserva, se puede leer la dedicatoria que escribió Floribert: «Adèle, estos murieron por su fe. Cada vez que medites sobre este icono, crece en la fe y proclama el Evangelio. Paz de corazón, Bwana Chui».

El recuerdo de Floribert no sigue vivo solo en Roma. Todas las Comunidades de Sant'Egidio del Congo (Goma, Kinshasa, Bukavu, Uvira, etc.) son guardianas de un recuerdo partícipe, comparten y dan valor a

---

[2] Se puede visitar, al menos virtualmente, en www.sanbartolomeo.org/memoriale-dei-nuovi-martiri.

la fama de martirio del joven. En paralelo, la notoriedad de Floribert ha ido más allá de los límites de la Comunidad. Su historia circula por varias webs o por comentarios publicados en la red, y siempre se asocia a la lucha contra la corrupción, a una resistencia contra el mal: ha sido una inyección de valentía para muchos.

El mismo papa Francisco quiso recordar la figura y el ejemplo del joven laico miembro de Sant'Egidio durante su visita a la República Democrática del Congo, a principios de 2023. Eligió el caso de Floribert, su *no* «como cristiano», para hablar de la lucha contra la corrupción durante el discurso que pronunció, en el Estadio de los Mártires de Kinshasa, frente a miles y miles de jóvenes y catequistas de la capital congoleña y de los alrededores:

Yo me pregunto: ¿cómo vencer el cáncer de la corrupción, que parece difundirse sin parar? [...]. Sean ustedes los que transformen la sociedad, los que conviertan el mal en bien [...]. ¿Quieren serlo? Si lo quieren, es posible. ¿Saben por qué? Porque cada uno de ustedes tiene un tesoro que nadie puede robarles. Es su capacidad de decidir. Sí, tú eres las decisiones que tomas y siempre puedes elegir hacer lo correcto. Somos libres para elegir. No permitan que sus vidas sean arrastradas por la corriente contaminada; no se dejen llevar como un tronco seco en un río de lodo. Siéntanse indignados, sin caer nunca en los halagos de la corrupción, que son persuasivos pero envenenados.

Recuerdo el testimonio de un joven como ustedes, Floribert Bwana Chui: hace quince años, con tan solo veintiséis años de edad, fue asesinado en Goma por haber obstruido el paso de productos alimenticios en mal estado, que habrían dañado la salud de la gente. Podía haberlo ignorado, no lo habrían descubierto e incluso se habría beneficiado. Pero, como cristiano, rezó, pensó en los demás y eligió ser honesto, diciendo *no* a la suciedad de la corrupción. Esto significa mantener las manos limpias, mientras que las manos que trafican con dinero se manchan de sangre. Si alguno te intentara sobornar, te prometiera favores y riquezas, no caigas en la trampa, no dejes que te engañen, no permitas que te engulla la ciénaga del mal. No te dejes vencer por el mal, no creas en las tramas oscuras del dinero, que te hundirán en las tinieblas. Ser honesto es resplandecer en el día, es difundir la luz de

Dios, es vivir la bienaventuranza de la justicia: vence al mal haciendo el bien.

Y terminó diciendo:

Quisiera decirles una última cosa: no se desanimen nunca. Jesús cree en ustedes y no los dejará solos. La alegría que tienen hoy cuídenla y no dejen que se apague. Como decía Floribert a sus amigos cuando tenían baja la moral: «Toma el Evangelio y léelo. Te consolará, te dará alegría». Salgan juntos del pesimismo que paraliza. La República Democrática del Congo espera de sus manos un futuro distinto, porque el futuro está en sus manos. Que su país vuelva a ser, gracias a ustedes, un jardín fraterno, el corazón de paz y de libertad de África[3].

¿Qué queda al final de la historia de Floribert? Una luz de bien en medio de la oscuridad del mal, el sueño de un futuro distinto. Eso es lo que son los mártires. Se lee en la Exhortación apostólica *Gaudete et exsultate* del papa Francisco:

---

[3] *Discurso*, 2 de febrero de 2023.

La realidad nos muestra qué fácil es entrar en las pandillas de la corrupción, formar parte de esa política cotidiana del «doy para que me den», donde todo es negocio. Y cuánta gente sufre por las injusticias, cuántos se quedan observando impotentes cómo los demás se turnan para repartirse la torta de la vida. Algunos desisten de luchar por la verdadera justicia, y optan por subirse al carro del vencedor. Eso no tiene nada que ver con el hambre y la sed de justicia que Jesús elogia. Tal justicia empieza por hacerse realidad en la vida de cada uno siendo justo en las propias decisiones, y luego se expresa buscando la justicia para los pobres y débiles[4].

No hay mejores palabras para describir el itinerario existencial del beato Floribert Bwana Chui, el horizonte en el que se movió, el Evangelio que hizo realidad en su vida. Floribert fue un «nuevo hombre congoleño capaz de resistir a la dictadura del beneficio fácil y del tener». Su vida es un signo de esperanza para el Congo, para África y para el mundo, sobre todo para los jóvenes.

---

[4] *Gaudete et exsultate*, 78-79.

Índice